Horst Scharfenberg

Schlachtfest

HÄDECKE VERLAG

Wir danken der Centralen Marketinggesellschaft der deutschen Agrarwirtschaft mbH (CMA) für die freundliche Unterstützung bei der Produktion der Farbdias, sowie Herrn Walter Adam und dem CC Club Kochender Männer in der Bruderschaft Marmite eV. für die Mitwirkung beim Schlachtfest.
Die Auswahl der Textillustrationen wurde uns erleichtert durch die Mithilfe von Herrn Prof. Dr. Kurt Nagel, aus dessen Buch „Das Fleischerhandwerk in der bildenden Kunst – Kunstgeschichte des Fleischerhandwerks", © Verlag C. F. Rees, Heidenheim, wir Abbildungen entnehmen durften. Auch ihm gilt unser Dank.

ISBN 3-7750-0134-4

Fotos: Studio Gerlach, Frankfurt/Main.

Printed in Germany.
Satz: Manhillen Fotosatz, Rutesheim.
Druck: E. Uhl, Radolfzell.

Inhalt

Schlachtfest.

L. RICHTER. A. GABER.

Schlachtfest auf dem Dorf und in der Stadt

„Schwein gehabt", das bedeutet Glück gehabt. Jeder kann heute zu den Glücklichen zählen, die ein Schwein haben, um es zu verwursten. Und dann ist der Betreffende bestimmt kein „armes Würstchen" oder gar ein „Hanswurst". Leisten wir uns also gelegentlich eine „Extrawurst", nämlich eine hausgeschlachtete! Man braucht dazu heute keinen Bauernhof mehr, Schlachtfeste kann man auch in einer Mietwohnung feiern, wenngleich dann auch das Schwein nicht an Ort und Stelle geschlachtet wird. November und Dezember sind seit eh und je die traditionellen Schlachtfest-Monate, die kühle Jahreszeit begünstigt das Wurstmachen. Dann bieten Metzger und sogar Supermärkte Schweineteile zur Hausmacher-Verarbeitung an. Mehr und mehr werben sie in Zeitungsinseraten um Kunden. Küchenmaschinen und Kühltechnik ermöglichen das Wurstmachen selbst in einer Neubauküche. Hilfestellung will dieses Buch geben. Es verrät nicht nur Rezepte, sondern auch altbewährte Tricks für die Hausschlachtung. Selbst wer noch richtig selbst schlachten will, sei es im Eigenheim, in der Laube des Schrebergartens oder bei einem befreundeten Bauern, erfährt alles Wissenswerte. Im Landhandel gibt es überall Spezialgeräte für die Hausschlachtung; in größeren Orten erkundige man sich nach Metzgereibedarf-Läden. Noch gibt es mehr Hausmetzger, als man vermutet. Selbst in Städten findet man sie; Bauern am Stadtrand oder die Fleischerinnung wissen die Adressen. Rat und Hilfe eines solchen Fachmanns sind vor allem beim ersten Schlachtfest von großem Wert.

Es gibt ein altes Sprichwort: „Kurze Predigt, lange Bratwürscht". Auch für dieses Buch wird es beherzigt. Kein Streifzug durch die dreitausendjährige Wurstgeschichte, keine Aufschlüsselung der zwei- bis dreitausend deutschen Wurstsorten, nicht einmal – so reizvoll das wäre – Schilderungen der bunten Folklore, die sich um Schlachtfeste rankt. Nur eine Anmerkung: Niemand, der heutzutage ein städtisches Schlachtfest vorbereitet, glaube, daß er sich damit nur einem Modetrend anschließt; schon zur Goethezeit durfte jeder Frankfurter Bürger sechs Schweine pro Jahr schlachten – und die meisten nutzten diese behördlich erlaubte Quote auch voll aus.

Das vorliegende Buch beschränkt sich weitgehend auf die traditionellen Hausmacherwürste und auf Zubereitungsarten, die in engem Zusammenhang mit Schlachtfesten stehen. Da es mit der offiziellen Bezeichnung der Wurstarten oft Verwirrung gibt, weil sie nicht mit den landläufigen Begriffen übereinstimmen, folgt eine kurze Auflistung:

Rohwurst, Kochwurst, Brühwurst, Spezialitäten und *Schinken* heißen die großen Gruppen.

Rohwürste werden aus rohen, nicht gebrühten Zutaten hergestellt. Dazu gehören z. B. Salami, Plockwurst, feine und grobe Mettwurst sowie Bratwurst.

Kochwürste enthalten vorgekochte Zutaten, wie z. B. Leberwurst, Blutwurst und Schwartenmagen.

Brühwürste sind Frischwürste für den alsbaldigen Verzehr. Fleischwurst, Gelbwurst, Bierwurst und Würstchen zum Heißmachen gehören dazu. Die Metzgerei hat dafür die bessere Geräteausstattung. Beim Schlachtfest spielen sie kaum eine Rolle.

Delikatessen – dazu zählen Sülzen und Pasteten.
Schinken zu räuchern, sollte man dem Fachmann überlassen. Wie gepökelt wird (z. B. Eisbein usw.), ist in diesem Buch erläutert. Ebenso das Salzen und Trocknen von Speck.
Abschließend sei noch der Hinweis erlaubt, daß Hausschlachtungen gesellige Angelegenheiten sind. Bleibt eine Kleinfamilie dabei ganz unter sich, kann nie ein fröhlich-genüßliches Schlachtfest daraus werden. Je größer die Gesellschaft, umso besser die Stimmung.

Mit den besten Wünschen für ein genüßliches Schlachtfest!

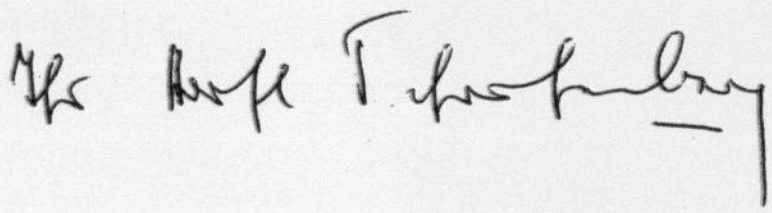

Einige Anmerkungen und Winke

Für gute Würste braucht man gutes, sorgfältig zugerichtetes Fleisch. Dazu kaufe man Schweine von etwa drei Zentnern Lebendgewicht. Am besten sind Tiere, die ein knappes halbes Jahr alt sind. Man hüte sich vor PSE-Fleisch, das der Laie leicht an der hellen Farbe und an seiner Fettlosigkeit erkennen kann. (PSE heißt pale, soft, exudative, also hell, weich, wasserlässig). Dieses Fleisch schnurrt in der Pfanne zu zähen Schnitzeln zusammen, für die Hausschlachtung ist es gänzlich unbrauchbar. Man wähle ein Schwein mit mittlerem Fettanteil. Die offizielle Fleischstandardisierung rechnet mit „Bindegewebseiweißfreiem Fleischeiweiß", abgekürzt BEEFE. So unverständlich wie das groteske Wortmonstrum ist für den Laien die ganze Wertfindung. Am besten kümmert er sich gar nicht darum. Jeder versteht, was man mit mittelfettem Schwein meint. Ob das Vieh nun 2 oder 3% mehr Fett hat, macht nichts aus. Keine Angst vor Fett, wenn es zum Schlachtfest geht! Fett muß sein, es ist Geschmacksträger und hilft bei der Bindung, die die Würste nun einmal brauchen, und es macht sie zart.

Beim Zurichten möglichst alle Sehnen entfernen, denn sie mindern die Wurstqualität erheblich. Kauft man Fleischstücke, so wird häufig von grob entsehntem Fleisch gesprochen. Dieses hat noch zu viele Sehnen, es muß nachbehandelt werden.

Die klassischen Hausschlachtungs-Würste, die man selber herstellen kann, sind Kochwürste: Blut- und Leberwurst nebst dem Schwartenmagen. Brühwürste kann der Metzger mit seinen Maschinen und Geräten besser herstellen, deshalb spielen sie in diesem Buch auch nur eine untergeordnete Rolle. Gleiches gilt für die Schinken, einstmals Herzstücke des häuslichen Schlachtens, heute nur noch für bäuerliche Betriebe interessant, die besondere Erfahrung in der Schweinemast und Tradition im Pökeln und Räuchern haben.

Dafür sind hausgemachte Rohwürste, vor allem grobe Bratwürste und luftgetrocknete grobe Mettwürste (auch Bauernbratwürste genannt) ein kulinarischer Höhepunkt, den man einige Wochen nach dem Schlachtfest genießen kann.

Vorbereitungen

Für das Hausschlachten kann die Küche gar nicht groß genug sein. Kleine Neubauküchen erweitert man für Balkonschlachtfeste auf den Flur hinaus oder ins angrenzende Eßzimmer.
Oberstes Gebot ist *Sauberkeit.* Waren irgendwelche Geräte nicht gut gereinigt, so kann die Wurst durch Bakterienbefall sehr schnell verderben.
Selbst wenn der Schlachttag kalt ist, heize man die Küche nicht. Bei der Arbeit wird einem sowieso warm, und die Wurst dankt durch gute Qualität und Haltbarkeit für Verarbeitung im Kalten. Deshalb verlegt man auch einige Arbeiten in den Hof oder auf den Balkon.
Genügend *Schüsseln* bereitstellen. Plastikwannen sind sehr zu empfehlen. Zum Mischen soll das Gefäß lieber viel zu groß als ein bißchen zu klein sein.
Blitzsauber und griffbereit vorbereiten sollte man:
Große *Schneidebretter,* solche aus Plastik sind leichter zu säubern.
Scharfe Messer jeder Größe, mindestens ein großes dabei.
Möglichst *Fleischbeil, Hackblock* und *Knochensäge.*
Große Töpfe: eventuell Einkochtopf auch zum Brühen benutzen.
Thermometer vom Einkochtopf zur Kontrolle der Brühtemperatur.
Dampfdrucktopf sowie Pfannen verschiedener Größe.
Fleischmaschine mit frisch geschliffenem Kreuzmesser und Vorsatztüllen zum Wurststopfen.
Fülltrichter. Eventuell *Blitzhacker* und/oder *Kompakt-Küchenmaschine.*
Elektrorührer.
Wurstkordel (ungeleimter Faden).
Gewürze in breitmäuligen Gefäßen.
Briefwaage für Gewürze.
Küchenwaage für Fleischzutaten.
Eventuell *Briefumschläge* zum Abwiegen kleiner Gewürzmengen, auch kleine Aluschälchen möglich.
Alle erforderlichen *Zutaten wie Suppengrün* usw.
Keimfreie Gläser und Dosen nebst Verschlüssen.
Jede Menge *Handtücher* aus Stoff und Papier.
Wein, Bier, Mineralwasser, Schnaps und Kaffee für die Helfer.
Schlachtessen vorbereiten, schon *Tisch decken.*
Wird ein Schwein geschlachtet, so braucht man im Hof eine Leiter, auf die das geschlachtete Schwein rücklings gezogen wird; am einfachsten mit einem Flaschenzug. – Einige große feste Tische für die Teilstücke nebst Schneidebrettern und Wannen. – Heißes Wasser oder einen Warmwasseranschluß. Einen Gartenschlauch. – Wenn möglich eine Feuerstelle (Gasbrenner) mit großem Kessel im Freien.
Rechtzeitig den Veterinär zur Fleischbeschau bestellen, genauen Termin (Uhrzeit!) fest verabreden, weil sonst der ganze Schlachtfest-Zeitplan durcheinander gerät.
Sind Gäste zugegen, so teile man sie – je nach persönlicher Neigung – zur Mitarbeit ein. So werden alle zu nützlichen Helfern, und es gibt keine „störenden Herumsteher".

Hausschlachtung auf dem Land ▶

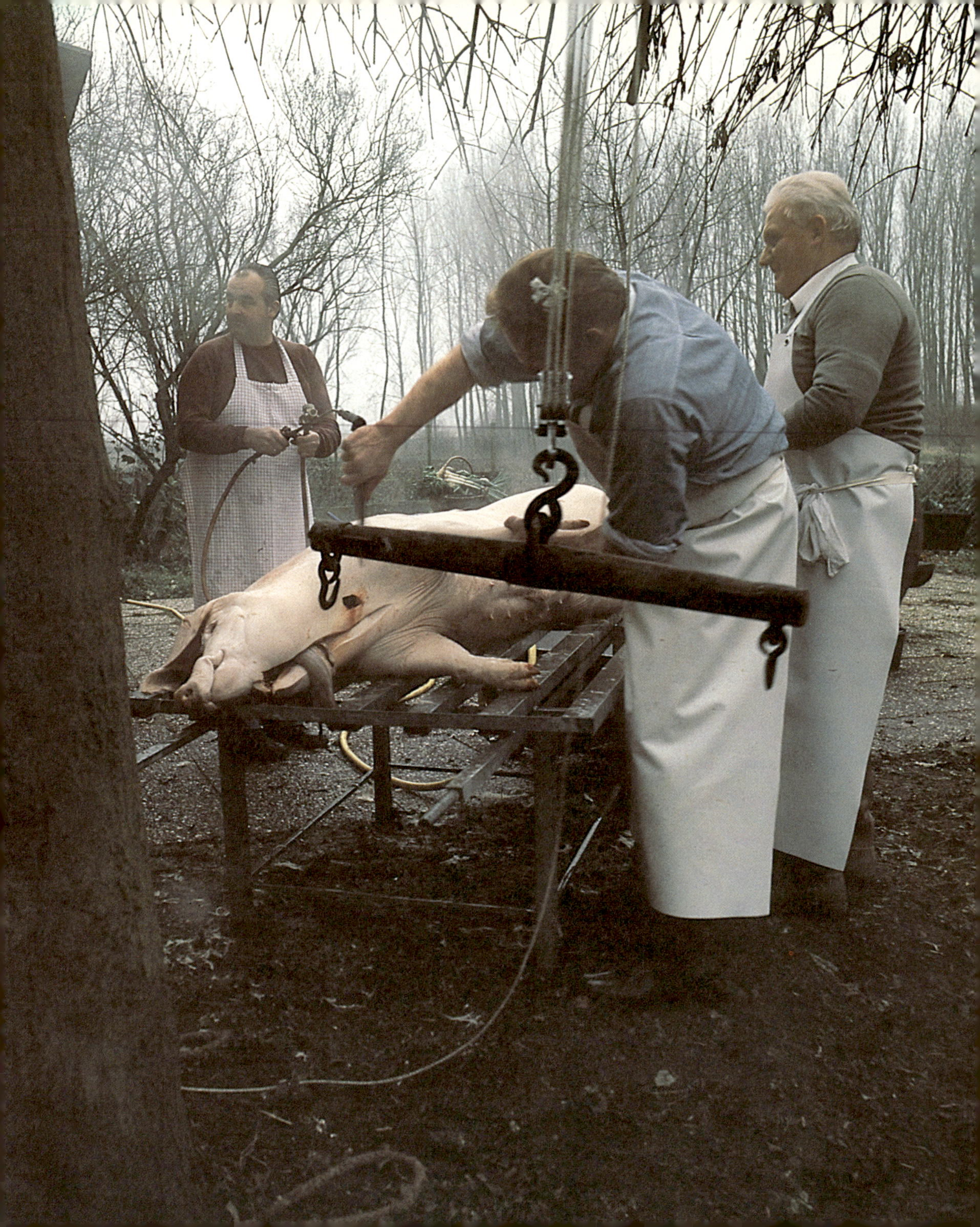

Zurichten des Schweins

Wer Teilstücke kauft, der läßt sie sich vom Metzger zuschneiden. Er muß nur daran denken, die einzelnen Teile zu beschriften, damit es später keine Verwechslungen gibt. Auch Därme beschriften. Ansonsten kann dann der folgende Abschnitt überschlagen werden, denn er betrifft nur das echte Hausschlachten.

Der Hausmetzger schlachtet das Schwein, sticht es nach Betäubung ab. Kinder und zartbesaitete Gäste halte man fern, damit ihnen nicht der Appetit verdorben wird.

Brühen und Rasieren des Schweins besorgt ebenfalls der Metzger, er ist jedoch für tatkräftige Hilfe dankbar.

Anschließend wird das Schwein aufgehängt oder auf die schräggestellte Leiter gezogen, ausgenommen und zerlegt. Dann folgt die *Fleischbeschau* und *Freigabe durch den Veterinär.*

Vorher schon konnte man beginnen, die *Därme* zu *säubern.* Sie müssen abgebunden, in warmes Wasser gelegt und dabei entwirrt werden. Darm aufschneiden, Inhalt ausstreifen und kaltes Wasser nachgießen, ausspülen. Diesen Vorgang mehrmals wiederholen. Früher sagte man, Därme müssen fünfundzwanzigmal gewaschen werden! Wichtig ist, daß man sie dann an einem Ende gut eine Hand breit umstülpt, in die dabei entstehende Rinne Wasser gießt, wodurch sich der gesamte Darm umstülpt – die Innenseite kommt nach außen. Reichlich mit Salz bestreuen und zum Entschleimen reiben. Dann wieder waschen, dabei etwas Essig ins Wasser gießen. Ein alter Bauerntrick ist, einen dünnen *Salbeitee* zu kochen, abzuseihen und lauwarm zur letzten Waschung zu verwenden.

Vom Metzger läßt man die Därme sortieren und in lauwarmes Wasser legen.

Das Zerlegen in Teilstücke und Entschwarten ist ebenfalls Metzgerarbeit. Wenn alles gesund ist, braucht man nichts hinzuzukaufen, es sei denn, man hat Sonderwünsche. Wer viel Frischfleisch haben will, bekommt weniger Wurst und umgekehrt.

Das Blut wird kräftig bis zur völligen Abkühlung gerührt, damit es nicht gerinnt. (Eventuell Pulver nach Packungsvorschrift zusetzen.) Zum Füllen bereitet man auch Blase und Magen vor (für Schwartenmagen und Blutwurst). Krausdärme werden meist für Blutwurst verwendet; Fettdärme für Leberwurst; Dünndärme für Brat-, Grütz-, Lungen- und grobe Mettwurst, die getrocknet oder angeräuchert werden soll. Sollen keine Schinken geräuchert werden, so bekommt man aus Ober- und Unterschale Braten oder Schnitzel. Bug, Schulter und Nacken eignen sich ebenfalls zum Braten (Rollbraten oder Koteletts). Filet und Lende sind die besten Bratenstücke. Eisbein, Dicke Rippe und Bauchfleisch werden gekocht. Alle Abschnitte der vorgenannten Stücke und ganze Partien davon können verwurstet werden. – Vom Kopf sind die Backen relativ mager, die Masken hingegen fett.

Wer ein Klein-Schlachtfest mit Teilstücken veranstaltet, muß Därme kaufen:

Naturdärme gibt es in Salzwasser eingelegt, die gekühlt zwei Jahre haltbar sind. Man sollte dann auch vielleicht Rinderbutten und Saitlinge (dünne Schafsdärme) kaufen. Sagt man beim Einkauf im Fleischereibedarf-Geschäft, für welche Wurst man die Därme will, so wird man meist gern und gut beraten.

Zerkleinern der Zutaten

Kunstdärme gibt es maßgeschneidert für jede erdenkliche Art von Wurst. Sie sind mit sogenannten „Banderolen" verpackt, auf denen alles Wesentliche für die Verarbeitung steht. Also: Banderolen nicht wegwerfen, sondern sorgfältig lesen! Sehr viele Kunstdärme brauchen nicht gewässert zu werden; wo dies nötig ist, wie z.B. bei Faserdärmen, steht es auf der Banderole. Kunstdärme werden gern mit Clips verschlossen, wozu man jedoch ein besonderes Gerät braucht; also bleibt der Hausschlachter beim Abbinden, was doppelt geschehen sollte: Abbinden, mehrere Zentimeter Darm überstehen lassen, diese über den Knoten legen und in dieser U-Form mit einem zweiten Knoten befestigen. Kunstdärme für Kochwürste sind: Hautfaserdärme, Cellulosedärme (gerade und kranzförmig). Für Leberwurst verwendet man besonders gern PVDC-innenlackierte Faserdärme in transparenter oder eingefärbter Ausführung. Polyamid-Därme nimmt man besonders gern für Blutwürste.
Für Sülzwürste nimmt man Kunstdärme aus Polyamiden, transparent oder gefärbt. Cellulosedärme sowie Polyesterhüllen sind ebenfalls gut möglich.
Für streichfähige Rohwürste gibt es kleinkalibrige Därme aus Polyamiden und Polyester in „gestippter" Ausführung, die eine Luftblasenbildung verhindert und die Trocknung durch ihre feine Perforation begünstigt.
Für schnittfeste Rohwürste braucht man wasserdampf- und rauchdurchlässige Kunstdärme. Solche sind stets aus Naturprodukten hergestellt und heißen: Faserdärme, Cellulosedärme und Hautfaserdärme (aus gehärtetem Eiweiß).

Wichtig ist, daß man schon beim Kochen, sofern dies erforderlich ist, fette und magere Teile trennt. Dann kann man sie ohne Mühe verschieden stark zerkleinern. Fett und Schwarten werden gern feiner gemahlen, magere Stücke gröber.
Bei der Hausschlachtung benutzt man vorwiegend die Fleischmaschine (Fleischwolf), elektrisch oder handbetrieben. Es gibt dafür verschiedene Lochscheiben, durch die die Körnung bestimmt wird. Bei den Rezepten wird gesprochen von fein = 4,5 mm, mittel = 6 oder 8 mm und grob = 10 mm. Wichtig ist beste Schärfe des Kreuzmessers, damit Fleisch und Fett wirklich geschnitten und nicht zerquetscht werden. Schneidet man die Wurstzutaten in nicht zu große Würfel und kühlt sie sehr stark oder friert sie ganz leicht an, so trägt das zu einer klareren Körnung bei.
Für ganz feine Wurstmassen benutzt der Gewerbebetrieb einen Cutter. Beim häuslichen Schlachtfest können wir uns heute helfen mit Blitzhacker oder Kompakt-Küchenmaschine. Blitzhacker haben den Nachteil, daß sie nur kleine Mengen fassen. In meiner Küchenmaschine kann ich größere Mengen, nämlich 400 g in 40 Sekunden zu einem Fleischbrei verarbeiten. Das funktioniert auch bei Schwarten und festem Speck. Füllgut dabei nicht anfrieren.
Zerkleinerte Zutaten so schnell wie möglich weiterverarbeiten, damit Bakterien keine Zeit haben sich einzunisten.

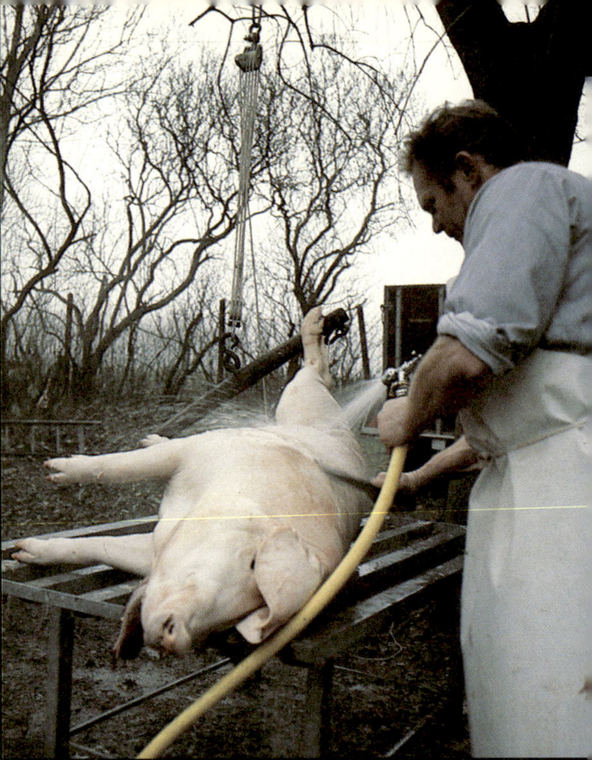

Speck in Würfel schneiden

Das kann eine langwierige Arbeit sein. Früher einmal fand sich dazu die ganze Nachbarschaft ein. Es gibt eine verblüffende Technik, bei der alles im Handumdrehen geht, und die Speckwürfelchen von schönster Gleichmäßigkeit sind.

Dazu die Speckseiten mit anhaftender Schwarte nicht zu weich kochen, sie sollen sich nur gerade eindrücken lassen. Etwas abgekühlt legt man sie mit der Schwartenseite auf den Tisch und schneidet die Speckkanten schräg ab; das erleichtert die nachfolgende Arbeit. Mit sehr scharfem, großem Messer schneidet man die Speckseite schräg zu ihrer Längsrichtung bis zur Schwarte hin ein; alle Schnitte unbedingt parallel und nur ca. 1/2 cm voneinander entfernt führen. Ist die ganze Seite so eingeschnitten, dreht man sie etwas und führt die nächsten Schnitte wie die ersten parallel zueinander und nahe beieinander, allerdings um etwa 90° versetzt. Von oben betrachtet entstehen so Karos mit etwas verschobenen Kanten. Führt man nun das Messer parallel zur Schwarte, also waagrecht, als wolle man eine Speckplatte von 1/2 cm Dicke schneiden, so entstehen viele kleine Speckwürfelchen, die man nur abzuheben braucht. Je nach Dicke der Speckseite macht man 6 bis etwa 10 waagrechte Schnitte und bekommt dadurch einen ganzen Eimer voller gleichgroßer Speckwürfelchen.

①	②
③	④

1. Abflämmen. 2. Abspritzen und Bürsten. 3. Zerteilen. 4. Das wohlverdiente Schnäpschen für den Metzger und seine Helfer.

◀

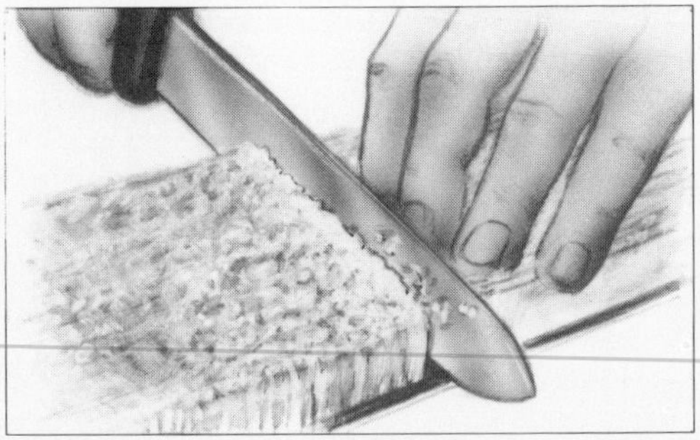

Mit einem scharfen, großen Messer schneidet man den Speck schräg zur Schwarte hin ein.

Zum Schluß ein Schnitt parallel zur Schwarte – so entstehen viele Speckwürfelchen, die man nur abzuheben braucht.

Gewürze

Würste ohne Gewürze sind nicht vorstellbar, zu viele Gewürze jedoch nehmen Hausmacherwürsten viel von ihrem besonderen Wohlgeschmack. Bei der Hausschlachtung spielen einheimische Kräuter noch immer die beherrschende Rolle. Fast alle muß man getrocknet verwenden. Gleichmäßiger werden Würzung und Schnittbild, wenn man sie gemahlen verwendet. Ich bevorzuge gerebelte Kräuter, da sie den Würsten eine solide, rustikale Note geben. Außerdem halten gerebelte Gewürze ihr Aroma länger als gemahlene. Volles Würzaroma aber ist entscheidend, also immer nur ganz frische Gewürze verwenden; nach 6 Monaten schon haben die meisten erheblich an Qualität eingebüßt.
In den Rezepten sind die hauptsächlichen Gewürze mit genauen Mengenangaben aufgeführt. Der besondere Reiz guter Hausschlachter-Würste liegt in ihrer individuellen Würzung. Jedermann wird deshalb freundlich eingeladen, mit Gewürzen nach eigenem Geschmack zu experimentieren.
Gern verwendete zusätzliche Gewürze sind: Bohnenkraut, Fenchel (erweckt Italien-Erinnerungen), Liebstöckel, Salbei und abgeriebene Zitronenschale. Beliebte flüssige Würzmittel sind: Rotwein, Portwein, Doppelwacholder, Calvados, Kirschwasser, Rum und Weinbrand.
Zwiebeln nie roh verwenden, sondern mit dem Fleisch kochen oder kleinschneiden und in Wurstfett gut glasig werden lassen.
Zwiebel- und Knoblauchpulver sind sehr zu empfehlen, sie erleichtern die Arbeit und sind für das Einfrieren meist besser geeignet.

Die Bundesforschungsanstalt für Fleisch hat den Einfluß von Gewürzen auf die Haltbarkeit von Würsten hin untersucht.
Ergebnis: Knoblauch, Salbei und Rosmarin erhöhen die Haltbarkeit. Folgende Gewürze verändern bei längerer Lagerung den Wurstgeschmack eventuell negativ: Koriander, Kardamom, Kümmel, Muskatblüte, Muskatnuß und Nelke.
Pökelsalz soll krebsfördernd wirken. Die in diesem Buch angegebenen Mengen liegen unter den zugelassenen und als unbedenklich angesehenen Quantitäten, dürften also hundertprozentig sicher sein. Trotzdem rate ich zu ihrer Verwendung nur dann, wenn unbedingt Pökelaroma (z.B. für Eisbein) erreicht werden soll. Ich nehme sonst gern das graue Aussehen ungepökelter Würste in Kauf, da es den Geschmack keineswegs beeinträchtigt. Würste ohne Umrötung sind für mich geradezu ein Qualitätsmerkmal für Hausschlachterwürste. Wer nicht auf die errötete Wurst verzichten will, der nehme phosphat- und nitritfreie Umrötungsmittel, die von Gewürzfirmen angeboten werden.
Bitte kein Diät- oder Jodsalz zum Wurstmachen verwenden, da es beim Sterilisieren zu chemischen Veränderungen führen kann.
Zucker gibt bekanntlich pikanten Speisen die letzte Abrundung. Das gilt auch für Würste. Ich empfehle dabei die Verwendung von Traubenzuckerpulver, das etwas weniger süß ist aber bei der Reifung von Würsten hilft.
Die Gewürzindustrie bietet heute eine Vielzahl ausgezeichneter Gewürzmischungen für alle Wurstsorten an. Sie basieren auf langen Versuchsreihen und vielen Geschmackstests. Ihr

Einfüllen der Wurstmassen

einziger Nachteil für den Hausschlachter liegt darin, daß sie in zu großer Portionierung (für die gewerbliche Nutzung) angeboten werden. Wer beim Würzen ganz sicher gehen will, der gare stets etwas Wurstmasse zur Probe. Besonders gut haben es dabei die Besitzer von Mikrowellengeräten, in denen ein Probeklößchen in Sekundenschnelle gar ist.

Einfüllen mit dem Trichter

Es gibt viele ausgezeichnete Füllmaschinen, die jedoch für Hausschlachtungen zu teuer sind. Es sei denn, der Hausmetzger bringt sie mit und enthebt einen damit aller zusätzlichen Mühen. Sonst muß man sich mit einem Fleischwolf (hoffentlich ist Ihrer genügend groß!) oder Handfülltrichter behelfen.
Sind die Wurstmassen, wie etwa für Blutwurst, zu weich, so kann man sie nicht durch den Fleischwolf in die Hüllen pressen. Man braucht dann einen Handfülltrichter. In Haushaltswarengechäften kann man sie in verschiedenen Größen kaufen. Dabei kommt es vor allem auf den Durchmesser der Tüllen an, damit die verschiedenen Darmgrößen darauf passen.
Für Fleischmaschinen gibt es ebenfalls spezielle Tüllen zum Füllen von Därmen in verschiedenen Durchmessern. Bevor man sie aufsetzt, werden Kreuzmesser und Lochscheibe entfernt. Eventuell benutzt man noch Zwischenringe, die mitgeliefert werden. Spritzbeutel, wie man sie für die Bäckerei benutzt, sind zum Füllen breiiger Massen möglich, jedoch nicht sehr praktisch.
Vor dem Überstreifen des Darms auf die Tülle macht man diese gut naß; der Darm kommt sowieso aus dem Wasser. Das Überstreifen geht dadurch recht mühelos. Die Därme hat man dazu in Stücke von gut einem Meter Länge geschnitten. Man läßt ein Darmende gut handbreit überhängen, beginnt zu füllen, streift das erste Stück Masse aus dem Darm und gibt es wieder in den Fülltrichter, während man das ausgedrückte Darmende zudreht oder sogar bindet. Zu zweit geht das Füllen am besten: einer bedient die Maschine, der andere hält den aufgezogenen Darm so, daß er nur nach und

nach abrutscht und sich füllt; mit der anderen Hand wird der gefüllte Teil des Darmes leicht geknetet, damit keine Luftblasen entstehen. Portioniert man kleinere Würste, so unterbricht man den Druck aus der Maschine nach 10 bis 20 cm, drückt den leeren Darm für wenige Zentimeter zusammen und dreht ihn ab, d.h. man faßt das Wurststück an beiden Enden und dreht es 5 mal um die Längsachse; einmal weg vom Körper, nach der nächsten Wurst entgegengesetzt, nämlich hin zum Körper. Mit einiger Übung geht das schnell und mühelos. Sollte einmal ein dünner Darm (Saitling) reißen, so gibt man das Brät in die Maschine zurück und fängt erneut an zu füllen. Kranzdärme werden am besten gleich zu Ringen abgebunden und zwei- bis dreimal verknotet, so daß man die Ringe über einer Holzstange aufhängen kann. Brüh- und Rohwürste werden normalerweise recht stramm gestopft, Kochwürsten muß man genügend Raum zum Ausdehnen lassen. Arbeitet man mit einem Fleischwolf, so stellt man vor die Tülle eine umgedrehte Plastikwanne, damit die herausquellende Wurst gleich eine Unterlage findet; der Tisch ist meistens zu tief unter der Tülle und fördert das Risiko des Reißens. Wer einen Fülltrichter benutzt, der muß mit dem Daumen, der hoffentlich breit genug ist, den Wurstbrei in die Därme nachschieben. Zum Verknoten nur Spezialfaden verwenden, der ungeleimt sein muß. Solche Wurstkordel gibt es in Metzgereibedarf-Geschäften oder – wenn Sie sich gut mit ihm stehen – von Ihrem Metzger. Sind beim Füllen größere Luftblasen entstanden, so kann man sie mit einer Stopfnadel aufstechen; das Loch schließt sich von selbst.

Der Wurstkessel

Er ist das Zentrum eines jeden Schlachtfestes, der dampfende, duftende Pol, um den sich alles dreht. Ganz zum Schluß spendet er die köstliche Metzelsuppe.

Zunächst aber dient er erst einmal dem Abkochen von Fleisch, Speck, Schwarten, Abgängen und Knochen. Damit die Suppe gut wird, kocht man Suppengrün mit, einige Mohrrüben, etliche Lauchstangen inklusiv ihrem Grün, eine große geschälte Sellerieknolle sowie einige Kilo geschälte Zwiebeln. Alles gibt man am besten in ein Netz, damit man es nach etwa einer Stunde wieder herausfischen kann. Die Zwiebeln kommen in die Wurstmassen. Früher einmal hat man Knochen mit anhängendem Fleisch gepökelt und das ganze Jahr über in der Suppe gekocht. Auch heute braucht man nicht zu pingelig beim Entbeinen zu sein. Alle Knochen kocht man im Wurstkessel. Das Fleisch kann man dann leicht entfernen und zur Wurst verwenden.

Auch Schwarten und andere Stücke mit besonderem Verwendungszweck kann man in Netzen garen und erspart sich so das mühsame Herausfischen.

Alle Kochwürste legt man sofort nach dem Füllen in die Brühe. Die Temperatur sollte 80–85° betragen.

Mit einem Thermometer (aus dem Einkochtopf) kontrollieren, ggf. kaltes Wasser zusetzen. Die Gardauer richtet sich nach der Dicke der Würste und beträgt zwischen 60 und 120 Minuten. Dabei die Würste immer wieder unter Wasser drücken und um die Längsachse drehen, damit sich nicht alle Einlagen auf einer Seite sammeln. Eventuell einstechen, was man auch stippen oder stippeln oder steppen nennt.

Haltbarkeit und Lagerung

Dazu eine Stopfnadel benutzen. Mit dem gut gereinigten Bodenteil eines Weidenkorbes läßt sich der Inhalt des Kessels besonders leicht unter die Oberfläche drücken. Wenn sie gar sind, muß man die Würste schnell in kaltem Wasser abkühlen, ggf. Eis zusetzen.

Dermaleinst war der Kampf gegen den Verderb von Fleisch und Wurst die gefürchtete Folgeerscheinung häuslicher Schlachtungen.
Schon sehr früh entwickelte man die Technik des Einsalzens und des Räucherns.
Unsere Väter und Großväter konnten sich dann des Sterilisierens bedienen. Wir haben heute Kühlschrank und Tiefgefriertechnik zur privaten Verfügung. Damit wurde die Hausschlachtung wahrhaft revolutioniert. Allerdings sind mit jeder Methode der Haltbarmachung einige Risiken verbunden, denen man mit Fachkenntnis begegnen kann.
Pökeln spielt längst nicht mehr die dominierende Rolle beim Hausschlachten, die es einst innehatte. Man pökelt nur noch aus Tradition und wegen der dadurch zu erzielenden Geschmacksnuance. – Salz allein konserviert schon. Gibt man Nitritpökelsalz zu – und dies ist lebensmittelrechtlich nur in beschränktem Maße zulässig – so bewirkt man eine Rotfärbung, auch Umrötung genannt. Die Wirkung ist nur optisch unterschiedlich von der des Salzes. Es gibt außerdem andere Umrötungsmittel auf Vitamin-C-Basis, die von der Gewürzindustrie heute angeboten werden.
Eisbein, Schäufele, Rippchen und Leiterchen werden heute noch gern gepökelt. Dabei sollte es kalt sein, nicht über + 7°. Auf 25 kg Fleisch rechnet man 1,5 kg Pökelsalz* sowie 150 g Zucker. Die Fleischstücke werden damit eingerieben und dann auf eine Pökelsalzgrundlage in ein irdenes Gefäß oder ein Eichenfaß geschichtet. Kleine Stücke preßt man zwischen die großen. Ein Brett auflegen und beschweren. Nach wenigen Tagen sollte Lake über dem Fleisch stehen, wenn nicht, gießt man Salz-

wasser zu. Zwischen 10 und 20 Tagen pökeln, je nach Größe der Stücke; Hinterschinken verträgt auch gut 30 Tage.
Spickspeck reibt man mit so viel Salz ein, wie er aufnimmt. Schwarte nicht salzen. In ein Leinentuch einschlagen, zwischen zwei Bretter legen und beschweren. Nach 6 Wochen kühler Lagerung ist der Speck fertig und kann aufgehängt werden.
Paprikaspeck reibt man mit einem Brei aus 2 EL edelsüßem Paprikapulver, 2 TL Rosenpaprika und etwas Wasser ein. Er wird dann gleich luftig und kühl aufgehängt und muß ca. 5 Wochen trocknen.
Räuchern. Kochwürste oder Rohwürste werden in kaltem Rauch unter 25° geräuchert oder auch nur angeräuchert. Drei bis vier Tage genügen. Im heißen Rauch werden zuweilen Grillwürste geräuchert. Einen Heißrauchofen kann sich ein geschickter Bastler leicht aus einem Metallfaß selbst herstellen. Eine Kammer für kalten Rauch ist weit schwieriger im Eigenbau herzustellen. Man gibt seine Würste am besten einem Metzger, mit dem man bekannt ist. Ein freundliches Wort hilft fast immer.
Trocknen geschieht ganz natürlich an der Luft. Dabei können Würste bis zu einem Viertel an Gewicht verlieren. Die Raumtemperatur sollte weniger als 15° sein. Keine Zugluft, aber ein gut belüfteter Raum mit etwa 80% relativer Luftfeuchtigkeit ist ideal. Helles Licht schadet beim Trocknen, dämmrig darf es sein. Nach 3–4 Wochen sind dünne Würste gut.

*Anmerkung: Pökelsalz enthält weniger als 1% Nitrit, es muß vor dem Gebrauch nochmals gründlich gemischt werden.

Sterilisieren. Früher benutzte man nur Gläser mit Gummiringen und Bügeln. Heute gibt es problemlose Einkochgläser mit Patentverschlüssen. Kleinere Gläser sind für durchschnittliche Familiengrößen zu bevorzugen.
Gläser bis daumenbreit unter den Rand füllen, der Rand selbst muß unbedingt sauber bleiben, damit der Verschluß dicht ist. Gläser auf den Tisch (mit gefaltetem Handtuch belegt) stoßen, damit Luftblasen innerhalb der Füllungen verschwinden.
Im *Einkochtopf* setzt man dem Wasser 1 EL Salz zu, um die Wassertemperatur, die beim Kochen ja nur 100° erreicht, geringfügig zu erhöhen. Gekochtes Brät braucht 90 Minuten und rohes Brät 120 Minuten reine Kochzeit.
Im *Dampfdrucktopf* geht das Sterilisieren erheblich schneller. Man muß ihn vorher entlüften. Anschließend nie unter kaltem Wasser den Druckausgleich machen, sondern warten, bis die Anzeige gesunken ist und dann erst öffnen. Der Nachteil ist, daß nur maximal 3 Gläser auf einmal sterilisiert werden können. Auf den Boden des Topfes 2–4 Tassen Wasser gießen, Gläser in den gelochten Einsatz stellen. Sterilisierdauer: 30 Minuten.
Im *Herd* verwendet man die Fettwanne, in die man ca. 1/2 l lauwarmes Wasser füllt. Die verschlossenen Gläser müssen alle die gleiche Größe haben und dürfen sich nicht berühren. Auf 175° anheizen. Wenn es in den Gläsern zu perlen beginnt, schaltet man auf 130° herunter und sterilisiert 50–90 Minuten. Danach abschalten und die Gläser im Backofen abkühlen lassen. Gebrauchsanweisung des betreffenden Herdes studieren. Grundsätzlich kann auch in Umluftherden sterilisiert werden.

Dosen sollten immer nur im Einkochtopf und von Wasser bedeckt sterilisiert werden. Am besten verwendet man beim Hausschlachten Wurstdosen mit Patentverschluß, die man ganz einfach verschließen, öffnen und wiederverwenden kann.
Die Grundregeln sind dabei die gleichen wie für das Sterilisieren in Gläsern. Dosen kann (und soll man) nach dem Sterilisieren in kaltem Wasser abkühlen. Dabei mehrfach umdrehen, damit sich das Fett verteilt. Eine 400-g-Dose braucht 90 Minuten im kochenden Wasser.
Um die Haltbarkeit zu sichern, sollten Gläser und Dosen nach etwa 3 Tagen noch ein zweites Mal sterilisiert werden. Dauer dann 60 Minuten.
Gegen das Absetzen von Fett, das vielfach stört, gibt es Spezialmittel von der Gewürzindustrie, die einfach in der Anwendung und harmlos sind.
Beim Sterilisieren setzt man Blutwürsten und Schwartenmagen gern 5% mehr Schwarten zu, um die Konsistenz etwas fester zu machen, da sie beim Einkochen gern weicher wird.
Wer *Pasteten* macht, der fülle sie am besten gleich in Gefäße (irdene), in denen man sie später auch zu Tisch bringen kann. Werden sie zum Garen in den kalten Ofen gesetzt, so wird die Bindung besser. Garzeit: Etwa 90 Minuten bei 175° in Fettwanne mit 2 cm Wasser.
Tiefgefrieren ist für Fleisch und auch Wurst geeignet. Sehr gut sind nicht poröse Kunststoffhüllen dafür. Blut- und Leberwurst wird allerdings beim Einfrieren leicht grisselig. Gut geeignet sind folgende Wurstsorten:
Bratwurst, vorher blanchieren,
3–4 Monate haltbar, angetaut braten.
Hackfleisch, flache Portionen, 4 Monate, sofort nach Auftauen verarbeiten.
Koteletts, Folie dazwischen, 6 Monate,
angetaut braten.
Schweinebraten, nicht zu schwere Stücke, 6 Monate.
Speck (frisch, geräuchert), in Scheiben,
2 Monate.
Wurst (frisch, geräuchert), 3 Monate,
im Kühlschrank auftauen.
Im *Kühlschrank* (kalte Zone, also oben) halten sich:
Streichfähige Rohwürste höchstens
4 Wochen.
Ungeräucherte Frischwurst ca. 4 Tage.
Geräucherte Frischwurst 1 Woche.
Kochwürste 1–2 Wochen.
Alle Wurst immer gut einpacken, um Geruchsübertragungen zu vermeiden.
Luftgetrocknete oder geräucherte Rohwürste bewahrt man in einem kühlen, luftigen Raum und außerhalb des Kühlschranks auf.

Die Fleischteile (im Uhrzeigersinn, vorne links beginnend):
Kotelettstück mit Knochen,
Bug (Schulter) mit Vordereisbein und Pfote,
2 Lendchen,
Schinken-Eisbein (Haxe),
Nuß,
Bugstück, ausgebeint,
Schälrippchen. ▶

Blutwürste

Diese Wurstart ist uralt. Leider ist sie bei uns etwas im Ansehen gesunken. Sollte es daran liegen, daß die Würste billiger als andere sind? – Jedenfalls gehören die französischen Boudins zu den unvergessenen Weihnachtsspezialitäten. Und in Köln findet alle zwei Jahre während der ANUGA, der größten Lebensmittelmesse der Welt, ein internationaler Blutwurstwettbewerb statt.
Bei einem Schlachtfest und auf einer Schlachtplatte haben hausgemachte Blutwürste sowieso einen unumstrittenen Stammplatz. Macht man seine Würste nur aus Schweineteilen, so muß man sich das Blut extra und rechtzeitig bestellen.

Blutwurst

(Grundrezept nach Fritz Gröbe)

Die Wurstmasse setzt sich zusammen aus:
40% Schweineblut,
60 % Speck und Schwarten,
davon wiederum sollte der Speckanteil 80% betragen, während die Schwarten nur 20% ausmachen.
(Es kommen also auf 4 l Schweineblut 6 kg Speck und Schwarte, wobei der Speckanteil knapp 5 kg und der Schwartenanteil gut 1 kg betragen muß.)
Pro Kilo Wurstmasse rechnet man folgende Gewürze:
18 g Salz, 2,5 g Pfeffer, 0,5 g gemahlene Nelken.
Zur Abrundung des Geschmacks empfiehlt es sich, pro 10 kg Blutwurstmasse 1 Zwiebel zuzusetzen, die man etwa 15 Minuten in der Wurstbrühe mitkochen und dann mit den Schwarten durch den Wolf treiben kann.
Der Speckanteil sollte aus fettem Bauchspeck bestehen.

Das Schweineblut wird in einem Kessel aufgehoben und am Anfang kräftig, dann nur noch alle 15 Minuten durchgerührt, damit es nicht gerinnt. Dazu einen Schneebesen benutzen. Wer ganz sicher gehen will, der kann dem frischen Blut auch ein Antigerinnungsmittel zusetzen. Dieses gibt es in Metzgereibedarfs-Geschäften zu kaufen; es wird nach Packungsanweisung verwendet.
Bauchspeck mit Schwarten und abgeschnittene Schwarten kochen. Die Bauchspeckstücke nach einer knappen Stunde herausnehmen, die Schwarte muß noch fest sein, der Speck sollte sich mit dem Finger eindrücken lassen.

Speck kreuzweise diagonal von oben einschneiden, dann parallel zur Schwarte das sehr scharfe Messer führen, wodurch kleine Würfel (genauer gesagt verschobene Vierecke, Rauten) entstehen. Auf Seite 15 wird diese arbeitserleichternde Technik genau erklärt.
Die Speckwürfel in ein feinmaschiges Sieb geben und gründlich mit heißem Wasser überbrausen und anschließend trocken schütteln.
Sind die Schwarten weich gekocht, was nach einer guten Stunde der Fall sein sollte, so werden sie zusammen mit der gekochten Zwiebel durch die Fleischmaschine (kleine Lochung der Scheibe) gedreht.
Speckwürfelchen zusammen mit der durchgedrehten Schwarte und den Gewürzen in das warme Blut geben und gut vermischen. Ist die Masse zu dickbreiig, kann sie mit etwas Wurstbrühe (dem Kochsud von Fleisch und Schwarten) verdünnt werden.
Noch warm in Dosen à 400 g Inhalt füllen, verschließen und gut 1 1/2 Stunden kochen. In kaltem Wasser abkühlen. Nach zwei Tagen nochmals in kaltem Wasser aufsetzen und etwa eine Stunde sterilisieren. Die Zeit rechnet man ab dem ersten Sprudeln des Wassers. Hinweise auf Eindosen, S. 22, bitte beachten. Blutwurst kann in Därme von mittlerer Dicke oder aber auch in dicke Fettdärme oder Schweinemagen gefüllt werden. Sie wird dann bei etwa 80° eine gute Stunde lang in der Brühe gelassen. Dabei vor allem am Anfang die Würste mehrmals um die Längsachse drehen, damit nicht die Fettstückchen alle auf eine Seite sinken. Naturdärme mehrmals „stippeln" also mit einer Nadel einstechen. Dickere Würste brauchen gut 2 Stunden, man sollte sie während der ersten 15 Minuten bei höherer Temperatur, am besten schwach siedend, garen.
Blutmägen brauchen gut 3 Stunden Garzeit. Blutwürste in dünnen Därmen sind bereits nach 35 Minuten gar.
In lauwarmem Wasser abkühlen lassen, dann auf nasser Unterlage völlig erkalten lassen. Blutwürste können (und sollten, wenn man sie länger aufheben will) nach dem völligen Auskühlen im Kaltrauch bei knapp 20° C angeräuchert werden.
Beim Füllen darauf achten, daß die Därme nicht zu prall mit Blutwurstmasse gestopft werden, locker abbinden, damit keine Würste platzen. Geschieht es doch bei Einzelexemplaren, so freuen sich darüber die Metzelsuppen-Fans, weil die Brühe gehaltvoller wird.
Häufig verwendete *weitere Gewürze* für Blutwurst sind:
Majoran, Piment (Nelkenpfeffer), Ingwer, wenig Zimt.
(Bei Verwendung zusätzlicher Gewürze kann man etwas weniger Salz und deutlich weniger Pfeffer nehmen).
Für Blutwürste werden gern Schweinekrausen, Rinder-Kranzdärme oder auch Kunstdärme verwendet.
Sehr gut möglich ist auch eine Zugabe von gekochter Schweinelunge, die mitsamt der Schwarte durch den Wolf gedreht wird. Sie lockert die Masse etwas auf. Die Zugabe einer kleinen Menge roher, durchgedrehter Schweineleber kann den Geschmack der Blutwurst angenehm beeinflussen.

Thüringer Rotwurst nach Onkel Paul

(Paul Axthelm, Hausmetzger)

Für 10 Kilo Wurst:
6 kg durchwachsenen Schweinebauch mit hohem Fettanteil,
2 kg sehnenfreien Schweinebug,
1 kg Schweineschwarten,
2 geschälte Zwiebeln.

Alles zusammen eine gute Stunde kochen. Die Hälfte des Schweinebauches mit der in Stücke geschnittenen Schwarte und den Zwiebeln durch die feinste Scheibe des Fleischwolfs drehen. Diesen Vorgang eventuell wiederholen. Die andere Hälfte des Schweinebauches in kleine Stücke schneiden. Das Bugfleisch ebenfalls kleinwürfelig schneiden. Mit folgenden Gewürzen vermischen:
200 g Salz, 20 g Pfeffer, 5 g frisch im Mörser zerstampftem Nelkenpfeffer, 20 g ganz fein gerebeltem Majoran.
1 l warmes Schweineblut dazugeben. Alles gut miteinander vermischen. Eventuell noch mit Wurstbrühe (vom Fleischkochen) verdünnen.
In Fettdärme füllen und zu Längen von etwa 25 cm abbinden. In schwach siedendem Wasser eine Viertelstunde garen. Dabei mehrmals nach unten drücken, umdrehen und mit einer Nadel einstechen (stippen). Hitze reduzieren und bei gut 80° zu Ende garen, was noch etwa 90 Minuten dauern dürfte. Die Würste sind gar, wenn kein Blut mehr beim Einstechen hervortritt.
In knapp lauwarmem Wasser abkühlen. Dann auf eine angefeuchtete Unterlage zum völligen Abkühlen legen. Dabei kann man die Würste nach 20 Minuten mit einem Brett und Gewicht beschweren, damit sie leicht abgeplattet werden. Anschließend in kühlem, zugfreiem Raum zwei Tage aufhängen. Entweder für kurze Zeit im Kühlschrank aufbewahren oder leicht in kaltem Rauch anräuchern. Diese Wurst kann auch in Dosen gefüllt und darin konserviert werden.

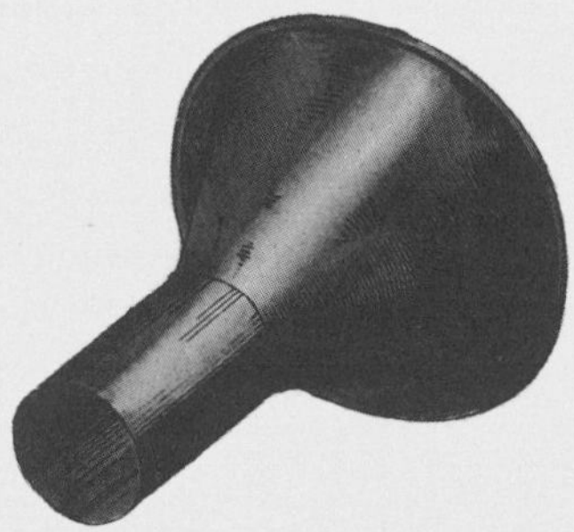

Feine Blutwurst nach einem alten Berliner Rezept

Für etwa 5 Kilo Wurst braucht man:
einen reichlichen Liter Schweineblut (ca. 1,2 l),
gut 2 kg festes Rückenfett vom Schwein,
500 g nur leicht durchwachsenes Fleisch vom Hals,
400 g abgeriebene Semmeln,
2 mittelgroße Zwiebeln,
1 Handvoll Salz,
2 kräftige Prisen Pfeffer,
1 Prise gemahlenen Nelkenpfeffer (Piment),
je 1 kräftige Prise Thymian, Majoran und Basilikum (alle Wurstkräuter fein gerebelt).

Blut bis zum Erkalten schlagen, damit es nicht gerinnt. Rückenfett und Fleisch in leicht gesalzenem Wasser in etwa einer Stunde weichkochen. Semmeln würfeln und in reichlich Brühe einweichen. Fett und Fleisch in kleine Würfelchen schneiden (Speckschneidetechnik nach S. 15 anwenden).
Zwiebeln schälen, in kleine Würfelchen schneiden und in etwas Fett, das von der Brühe abgeschöpft wurde, andünsten, ohne daß sie Farbe nehmen.
Die eingeweichten Semmelwürfel mit einer Gabel zerdrücken. Alle Zutaten gut miteinander vermischen. Dabei auch die Gewürze in die Masse einarbeiten.
Vor dem Einfüllen die Masse abschmecken, eventuell Würzung korrigieren und/oder die Konsistenz durch etwas Brühe verdünnen. Wurstmasse in ca. 3 cm dicke Därme füllen. Zu 15–20 cm langen Stücken abbinden, wobei man beachtet, daß die Därme nicht zu prall gestopft werden.

In einer knappen Stunde bei 85° garen. Dabei unter die Flüssigkeit drücken, um die Längsachse drehen und mehrmals einstechen. In lauwarmem Wasser abkühlen und auf feuchter Unterlage auskühlen lassen. Für einen Tag antrocknen lassen. Dann kurz im Kühlschrank aufheben oder für einige Monate tiefgefrieren oder leicht im kalten Rauch räuchern.

Zungenblutwurst

Zubereitung wie im vorigen Rezept.

Bei den Gewürzen gibt man noch 1 knappen TL gestoßenen Ingwer dazu.
Die Zutaten werden um eine halbe gepökelte und abgezogene Rinderzunge ergänzt. Die Zunge schneidet man entweder in nicht zu kleine Würfel und mischt sie unter die Masse, oder man schneidet sie in längliche Streifen von ca. 2 – 3 cm Dicke und stopft sie in die Mitte der Würste in die nun mindestens 6 cm dicken Därme. Die Kochzeit erhöht sich auf knapp zwei Stunden.

Schwäbische Blutwurst

(zum Braten)

1 kg durchwachsenes Bauchfleisch,
5 mittelgroße Zwiebeln,
3 EL Butter,
3 EL Mehl,
ca. 1/2 l süße Sahne,
ca. 2 l Schweineblut (auch Rinderblut ist möglich),
Salz, weißer gemahlener Pfeffer und gemahlener Nelkenpfeffer.

Das Bauchfleisch weich kochen und dann in kleine Würfelchen schneiden. Die geschälten Zwiebeln fein schneiden und in etwas Schweinefett gut weich werden lassen; sie dürfen dabei jedoch keine Farbe nehmen.
In einem Töpfchen mit dickem Boden die Butter zerlassen und darin das Mehl hell anschwitzen. Ablöschen mit Sahne. Salzen und leicht pfeffern. Die so entstandene dicke Sauce zusammen mit den weichen Zwiebeln durch ein Haarsieb passieren. Das geschnittene Fleisch nebst dem Blut zufügen. Alles gut miteinander vermengen und dabei auch die Gewürze unterrühren. Abschmecken.
In nicht zu dünne Schweinsdärme, am besten Kranzdärme, füllen. Abbinden und bei 85° in Wurstbrühe oder leicht gesalzenem Wasser etwa 1 Stunde garen. Wie gewohnt abkühlen und dann in nicht zu warmer Luft aufhängen. Im Kühlschrank oder – für längere Aufbewahrung – in der Tiefgefriertruhe einlagern. Zum Verzehr in Butterschmalz braten, eventuell etwas Bratensoße zugeben und zu Kartoffelsalat essen.

Westerwälder Bauernblutwurst

Für gut 2 kg Wurst:
250 g Schweineschwarte,
1/2 kg frischer Schweinebauch mit Schwarte,
3 mittelgroße Zwiebeln,
100 g fetter Speck,
300 g gepökelte oder gekochte Zunge beliebiger Herkunft,
Salz, gemahlener Pfeffer, Thymian, Majoran, wenig Nelkenpulver sowie etwas gemahlener Ingwer,
1 l Schweineblut.

Schwarte und Schweinebauch eine knappe Stunde in leicht gesalzenem Wasser oder Wurstbrühe kochen. Den Schweinebauch zuerst herausnehmen, halbieren. Eine Hälfte wieder ins Wasser geben, die andere Hälfte von der Schwarte befreien und in möglichst gleichmäßige Würfelchen schneiden. Mit heißem Wasser in einem Sieb überbrausen, abtropfen. Restliche Schwarte (auch die vom Bauch entfernte) sowie die zweite Bauchfleischhälfte mitsamt der Schwarte durch die mittlere Scheibe des Fleischwolfs drehen.
Zwiebeln schälen, grob schneiden und in dem kleingewürfelten Speck zu hellgelber Farbe dünsten. Dann zusammen mit den ausgebratenen Speckwürfeln und der bereits einmal durchgedrehten Masse nochmals, jetzt aber durch die feine Scheibe, wolfen. Den gewürfelten Schweinebauch zugeben. Das Schweineblut zufügen, ebenso die Gewürze. Alles gut miteinander vermischen. Abschmecken.
Am besten in Dosen oder Gläser füllen und sterilisieren. Abkühlen und nach 2 Tagen nochmals 60 Minuten bis zur Siedetemperatur erhitzen.

Mecklenburger Blutwurst (Blautwurst genannt und stets zum Aufbraten verwendet)

Für etwa 5 kg dieser für ihre Gegend sehr typischen Wurst:
250 g mageres Fleisch aus dem Bug, in Wurstbrühe gegart,
750 g frisch gemahlene, altbackene Semmeln,
125 g brauner Zucker,
125 g Rosinen (kann man vorher in Rotwein einlegen),
1–2 Tassen Grieben (ausgelassene Speckwürfel, die nicht zu dunkel sein sollten),
1 gehäufter TL Salz,
je 1 Prise gemahlene Nelken und gerebelter Majoran,
Abrieb einer ungespritzten Zitrone,
3 l Schweineblut,
1 l Wurstbrühe (die möglichst gut gewürzt sein sollte).

Alle Zutaten außer Blut und Brühe kräftig miteinander vermischen. Dann erst mit den beiden flüssigen Zutaten sehr gut verrühren. Würzung prüfen.
In Kranzdärme füllen und eine knappe Stunde bei gut 80° garen. Dabei mehrmals einstechen. Abkühlen und erkalten lassen. Im Kühlschrank aufheben oder – am besten – gleich nach dem Auskühlen braten und zu Sauerkraut und Kartoffelpüree servieren. Diese Wurst kann auch tiefgefroren werden.

Boudins

(französische Blutwürste,
die ein traditionelles Weihnachtsessen sind)

Der volle Name lautet BOUDINS NOIRS, also schwarze Boudins. Es gibt dafür eine Vielzahl von Rezeptvariationen. Hier ist das Rezept des berühmten Küchenchefs Auguste Escoffier, das man heute bereits als klassisch bezeichnen kann.

Für gut 1 kg Boudins braucht man:
500 g vorgekochten fetten Speck,
4/10 l Schweineblut,
4/10 l süße Sahne,
2 mittelgroße, geschälte und gehackte Zwiebeln,
20 g Salz, 1 kräftige Prise schwarzen Pfeffer aus der Mühle,
1 kräftige Prise Pastetengewürz.

Den Speck in nicht zu kleine Würfelchen schneiden. Davon 1/3 in der Pfanne auslassen, bis sie beginnen Farbe zu nehmen. Herausfischen und beiseite stellen. Im Fett, das sie abgegeben haben, die kleingehackten Zwiebeln andünsten; sie müssen dabei hell bleiben.
Alle Zutaten nun miteinander vermischen. Sehr lose in Naturdärme von etwa 3–5 cm Durchmesser füllen und zu beliebiger Länge abbinden. Auf einem Sieb, einem Rost oder – wie es Escoffier vorschreibt – auf einem Weidengeflecht in gerade siedendes Wasser tauchen. Darin bei etwa 95° eine halbe Stunde garen. Auftauchende Würste mit einer Nadel einstechen und umdrehen. Auf einer nassen Fläche abkühlen lassen.
Die Boudins können eingefroren werden. Am besten schmecken sie frisch. Sie werden meistens angebraten serviert. Man kann sie dazu aufschneiden. Beilagen sind Sauerkraut und Kartoffelpüree. Ganz ausgezeichnet schmecken Boudins vom Holzkohlengrill. Man kann sie auch kalt räuchern und später kalt zu Brot verzehren.

Bekannte Boudin-Varianten sind:

Die Blutwurstmacherin. Nach D. Teniers, gestochen von J. Ph. Le Bas ▶

Boudins flämische Art

(Flamande)

Man nimmt die gleiche Masse wie im vorherigen Rezept und behält auch die Zubereitungsart bei.
Die Änderung besteht in der Zugabe von 3 EL braunem Zucker, sowie jeweils 60 g Rosinen und Sultaninen, die in warmem Wasser vorgeweicht wurden.

Boudins nach burgundischer Art

Die Masse nach Grundrezept zubereiten.

Etwas zusätzliche Wurstbrühe beifügen sowie zerkrümelte Löffelbiskuits oder gekochte, geschälte und grob zerkrümelte Kastanien. Außerdem fügt man der Masse neuerdings einige Gläschen Marc de Bourgogne (Tresterschnaps der Gegend) bei.

Boudins internationale Art

Für 5 kg Wurst braucht man:
1 1/2 kg fettes Schweinefleisch (Bauch und Hals gemischt), in Würfel geschnitten,
gut 1 1/2 kg geschälte Zwiebeln,
knapp 2 l Schweineblut (das mit etwas Essig verrührt sein kann, damit es nicht gerinnt),
1 TL Pökelsalz, 80 g Salz,
gut 10 g grobgemahlenen schwarzen Pfeffer,
1 kräftige Prise fein gerebelten Majoran sowie jeweils die gleiche Menge gemahlenen Zimt und feingerebelten Thymian.

Das Fleisch sehr gut kühlen. Die fetten Stücke extra behandeln. Alles durch die feine Scheibe des Fleischwolfs drehen.
Fleischteil mit Pökelsalz vermischen. Fette Teile (die bis zur letzten Minute im kältesten Teil des Kühlschrankes waren) gesondert wolfen. In etwas Fett die fein gehackten Zwiebeln zu goldgelber Farbe anbraten. Gut abkühlen lassen. Mit allen anderen Zutaten vermischen. Würzung prüfen. Masse in Schweinsdärme von etwa 4 cm Durchmesser lose einfüllen. Bei gut 80° eine knappe Stunde in Wurstbrühe oder Wasser garen. Über Nacht auskühlen lassen. Anderntags wie alle Boudins behandeln.

Boudins nach der Art von New Orleans

Dies ist ein Originalrezept aus Louisiana, vom Unterlauf des Mississippi.

Die Masse wie für das vorausgegangene Rezept vorbereiten.
Weitere Zutaten sind:
3 EL kleingeschnittene Petersilie,
1 l Milch (am besten H-Milch, 3,5% Fett),
500 g Reis (Rohgewicht), der gar gekocht wird und dann völlig erkalten muß.

Alles miteinander gut vermischen. Sehr lose stopfen, am besten in Rinderdärme von gut 4 cm Durchmesser. Garen wie andere Boudins. Auch diese Boudins können tiefgefroren werden.

Leberwürste, Blutwürste, Schmalz – ein Schnäpschen darf nicht fehlen ▶

Leberwürste

Der Volksmund spricht vom „beleidigten Leberwürstchen". Was damit gemeint ist, ist klar, schwieriger ist die Ursprungserklärung der Redensart. Vielleicht geht sie auf die Tatsache zurück, daß die Leberwurstmasse bei Unachtsamkeit leicht sauer wird, die Nachlässigkeit also übel nimmt, sozusagen beleidigt ist.
Wenden wir also besondere Sorgfalt unserer Leberwurst zu! Bei Hausschlachtungen kommen meistens erheblich größere Leberanteile daran als bei der gewerblichen Herstellung. Deshalb gehört die Leberwurst auch zu den besonders beliebten Hausmacher-Spezialitäten. Kauft man Leber zu, dann bitte keine Rinderleber; es sollte möglichst Schweineleber sein, Kalbsleber ist annehmbar. Immer die Gallengänge sorgfältig entfernen.
Beim Kauf einer Schweinehälfte gehört die Leber nicht dazu, muß also extra bestellt werden.
Bei den folgenden Rezepten wird die Verwendung von roher Leber empfohlen, es ist jedoch auch möglich, sie vor der Verarbeitung kurz – 2 bis 3 Minuten – zu blanchieren.

Schlachtfest auf dem Lande (Stich um 1687)

Leberwurst Grundrezept

(nach Fritz Gröbe)

Für 10 kg Leberwurstmasse braucht man:
3 kg Schweineleber, roh,
7 kg Fleisch-Fett-Anteil bestehend aus fettem Schweinebauch ohne Schwarte, nicht zu fetten Abschnitten, die beim Zerteilen anfallen,
einer ausgebeinten Schweinebacke (wobei der Anteil des fetten Bauches keinesfalls mehr als die Hälfte der Gesamtmasse betragen soll, besser ist es, nur 3 kg davon zu nehmen),
evtl. noch die Schweinenieren,
3 kg Zwiebeln,
180 g Salz,
25 g weißen Pfeffer, gemahlen,
5 g Nelkenpulver und
5 g gemahlene Muskatnuß.

Die Leber wird roh verwendet. Die Hälfte davon zusammen mit der vorgekochten Schweinebacke durch die feine Scheibe der Fleischmaschine drehen.
Schweinebauch, Abschnitte sowie – wenn gewünscht – die Nieren werden wie die Backe vorgekocht; dabei nur so lange im Wasser lassen, bis die Teile gerade weich sind. Zu langes Kochen läßt zu viele Inhaltsstoffe ins Wasser entweichen, oft genügt schon eine gute Stunde; aus gleichem Grund nur gerade so viel Wasser wie nötig nehmen. Geschälte Zwiebeln 30 Minuten mitkochen. Bauchfleisch, Abschnitte, Nieren und restliche Leber in Würfel bzw. Stücke schneiden und durch die mittlere oder grobe Scheibe der Fleischmaschine drehen. Mit der Lebermasse in eine große Schüssel geben. Die Zwiebeln grob zerteilen und durch die feine Scheibe der Fleischmaschine zusammen mit einigen Eßlöffeln der bereits gewolften Masse drehen. Ebenfalls in die Schüssel geben. Alle Gewürze breitwürfig darüber streuen. Alles gut miteinander vermischen. Ist die Masse zu steif, kann man noch wenig von der Kochbrühe zugeben.
Die Leberwürste können in Fettenden, Schweinekrausen, Rinderkranzdärme oder entsprechende Kunststoffhüllen gefüllt werden. Sofort in fast siedendes Wasser legen und nach 10 Minuten die Hitze auf 80° verringern. Je nach Dicke der Würste bis zu 2 1/2 Stunden garen; dünnere Kaliber sind bereits nach 1 Stunde fertig. Während des Garens gelegentlich „stippeln", d.h. mit einer dicken Nadel (Stopfnadel) einstechen, damit die Luft entweichen kann und der Innendruck nicht zum Platzen der Därme führt. Naturdarmwürste möglichst immer in Fleisch- oder Wurstbrühe garziehen lassen, damit sie nicht zu viele Geschmacksstoffe abgeben, wie das in klarem Wasser der Fall wäre.
In lauwarmem Wasser abkühlen, diesem dann etwas Eis zusetzen, damit die Temperatur weiter absinkt. Endgültig auf nasser Unterlage abkühlen, dann zum Austrocknen über Nacht kühl und luftig aufhängen. Später im Kühlschrank aufbewahren oder kurz im Kaltrauch räuchern.
Diese Leberwurst kann natürlich auch in Dosen oder Gläser gefüllt werden. 400-g-Dosen werden 90 Minuten sterilisiert. Nach einigen Tagen empfiehlt sich eine zweite Sterilisierung von 60 Minuten. – Ein-Liter-Gläser müssen 120 Minuten sterilisiert werden.

Thüringer Hausmacher Leberwurst

(nach Paul Axthelm)

5 kg durchwachsener Schweinebauch
2,5 kg fetter Speck,
2,5 kg Schweineleber,
1 kleine Zwiebel,
200 g Salz,
25 g weißer gemahlener Pfeffer und
10 g Ingwerpulver.

Schweinebauch, Speck und Zwiebel gut eine Stunde vorkochen. Speck evtl. 20 Minuten früher herausnehmen, in Würfelchen schneiden und warm überbrausen; abtropfen lassen.
Die Hälfte des gewürfelten Schweinebauchs zusammen mit der rohen, in Stücke geschnittenen Leber und der geviertelten Zwiebel durch die feine Scheibe der Fleischmaschine drehen. Restlichen Schweinebauch ebenfalls würfeln und durch die mittlere Scheibe wolfen.
In einer Schüssel alle Zutaten einschließlich der Gewürze gut miteinander vermischen und so weiter behandeln, wie im Grundrezept, Seite 35, angegeben. Dabei jedoch beachten, daß die Würste besonders zu Beginn der Garzeit mehrmals um die Längsachse gewendet werden müssen, damit sich die Speckstückchen in der Lebermasse gleichmäßig verteilen.

Einfache Leberwurst

500 g frische Schweineleber,
500 g durchwachsene Schweinefleischabschnitte,
250 g abgeriebene Brötchen,
1/8 l Wurstbrühe,
1/2 kleingeschnittene Zwiebel und
1 TL Schmalz,
20 g Salz, 30 g Zucker,
1/2–1 TL gemahlener weißer Pfeffer,
je 1/2–1 TL gemahlener Nelkenpfeffer und Thymian, sowie 1 TL gerebelter Majoran.

Die Leber wird nur kurz (2–4 Minuten) in die siedende Brühe (oder Wasser) getaucht und nach dem Blanchieren in Würfel geschnitten. Die Schweinefleischabschnitte gar kochen, dann würfeln. Die Brötchen in dünne Scheiben schneiden und in der heißen Brühe zugedeckt weichen lassen. Zwiebelwürfelchen in Schmalz unter ständigem Wenden sehr gut glasig werden lassen. Alles zusammen durch die feine Scheibe der Fleischmaschine drehen und mit den Gewürzen gut vermischen. Die Masse soll weich, jedoch nicht zu flüssig sein. In dünne Schweinedärme füllen und bei 80° etwa 30 Minuten garen. Man kann die Würste gleich warm (zur Schlachtplatte) essen oder aber auch erkalten lassen und gekühlt aufbewahren. Räuchern ist nicht anzuraten.
Sehr gern hat man für diese einfachen Leberwürste früher noch 200 g gewaschene Korinthen in die Masse gearbeitet.

Sardellenleberwurst

1 kg Schweineleber,
750 g frischer Speck,
2 mittelgroße Zwiebeln,
ca. 3 EL Sardellenpaste,
1 Prise Salz, weißer Pfeffer aus der Mühle,
gerebelter Thymian und
gemahlener Nelkenpfeffer (Piment),
1 kleine Prise Zucker und
1 Tasse Wurstbrühe.

Leber in Würfel schneiden, gleichermaßen mit dem Speck (ohne Schwartenanteil) verfahren. Zwiebeln schälen und vierteln. Die Hälfte jeder Zutat durch die mittlere Scheibe der Fleischmaschine drehen. Das geschieht am sinnvollsten, wenn man die einzelnen Zutaten miteinander vermischt. Die restlichen Zutaten ebenfalls vermischen und im Blitzhacker oder der Kompakt-Küchenmaschine fein zerhacken. Wer besonders gut arbeiten will, der stellt die zweite Hälfte der Zutaten vorher für 20–30 Minuten ins Tiefkühlfach, damit sie eisig kalt werden.
Beide Massen miteinander vermischen. Sardellenpaste einarbeiten und mit den restlichen Gewürzen abschmecken.
Mit etwas Wurstbrühe verarbeiten, damit die Masse breiig wird. In Dosen oder Gläser füllen, verschließen und 90 Minuten bzw. 2 Stunden (für Gläser) sterilisieren. Wird längere Haltbarkeit gewünscht, nach einigen Tagen nochmals 1 Stunde sterilisieren.
Auf jeden Fall kühl aufbewahren, dann hält auch diese Wurst mehrere Monate.

Katenleberwurst aus Dithmarschen

1 kg gewürfelte rohe Schweineleber,
250 g frischer Bauchspeck ohne Schwarte,
125 g Mehl,
3/4 l Milch,
6 Eier,
150 g Butter,
1 EL Salz, kräftig Pfeffer aus der Mühle,
1 Prise Nelkenpulver und
1 knapper TL gerebelter Majoran.

Die Schweineleber mit dem gewürfelten Speck durch die feinste Scheibe der Fleischmaschine drehen.
Mehl zunächst mit etwas Milch verrühren, so daß keine Klümpchen entstehen. Restliche Milch, die Eier sowie die geschmolzene Butter gut mit der Mehl-Milch-Eier-Mischung verrühren.
Die Leber-Speckmasse zugeben, mit den Gewürzen abschmecken. In dünne Därme füllen und beim Abbinden auf knapp 15 cm Länge darauf achten, daß sie sehr lose gefüllt sind, nur zu etwa 3/4 des Darminhalts.
Bei 80° zwischen 45 Minuten und 1 Stunde garen.
Auf nasser Unterlage auskühlen lassen, dann kurz zum Austrocknen luftig und kühl aufhängen. Aufbewahren im Kühlschrank; auch Einfrieren ist möglich.
Diese Wurst, die kalt gegessen werden kann, ist auch gebraten sehr beliebt.

Pfälzer Leberwurst

Eine der beliebtesten deutschen Leberwurstarten, die besonders durch ihre pikante Kräuterwürzung auffällt.

1 kg frischer, durchwachsener Schweinebauch ohne Schwarte,
500 g Schweinebacke ohne Knochen,
200 g mageres Schulterfleisch,
500 g Zwiebeln in groben Stücken,
1 EL Schmalz,
1 kg frische Schweineleber,
knapp 1 l Kochbrühe,
1 TL Salz, kräftig Pfeffer aus der Mühle,
1 EL gerebelter Majoran,
1 kräftige Prise Thymian,
1 Prise Nelkenpulver,
1 Prise Muskatblüte.

Schweinebauch, Schweinebacke und Schulterfleisch bei kleiner Hitze eine knappe Stunde eben köcheln lassen. Schweinebauch nach 40 Minuten herausnehmen. Das erkaltete Fleisch in Würfel schneiden.
Die Zwiebeln im Schweineschmalz bei nicht zu starker Hitze sehr gut glasig werden lassen. Abkühlen lassen, dann zusammen mit den Fleischstücken durch die feine Scheibe der Fleischmaschine drehen. Anschließend die Leberstücke durchdrehen und zu dem Fleischteig geben.
Gewürze breitwürfig darüberstreuen und alles sehr gut miteinander vermischen. Dabei so viel Wurst- oder Fleischbrühe zugießen, daß ein breiiger Teig entsteht. Abschmecken. Die Würzung muß besonders kräftig sein. Am besten gart man in einem kleinen Näpfchen eine Probe, läßt sie abkühlen und probiert dann: man wird feststellen, daß der Geschmack gegenüber der ungekochten Masse milder geworden ist.
In Kranzdärme füllen und zu Ringen abbinden. Diese bei 85° etwa 90 Minuten garen.
Man kann die Masse natürlich auch in Dosen oder Gläser füllen, verschließen und gut 90 Minuten einkochen (für 400-g-Dosen); größere Gläser brauchen gut 2 Stunden. Dosen nach einigen Tagen am besten nochmals für 1 Stunde sterilisieren, wenn man sie mehr als 2 Monate aufheben will.

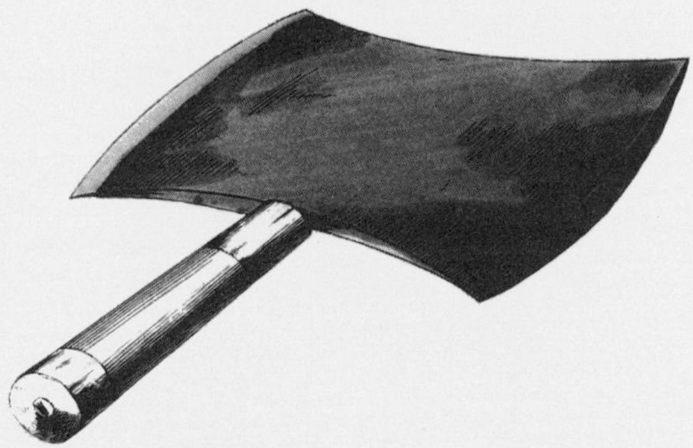

Leberpreßsack

Für 5 kg Masse:
1,25 kg Schweineleber,
1 kg Schweinskopfabschnitte (Stirn, Ohren und Schnauze),
1 kg Schweineschwarten,
2,25 kg Schweinekopffleisch mit Maske,*
1 mittelgroße Zwiebel,
½ TL Knoblauchpulver,
100 g Salz,
½ TL weißer Pfeffer aus der Mühle,
½ TL gemahlener Kümmel,
½ TL pulverisierter Thymian,
½ TL gemahlener Koriander.

Schweineleber von Gallengängen befreien und in Würfel schneiden. Schweinskopfabschnitte (Stirn, Ohren und Schnauze) mit den Schwarten 1 gute Stunde sachte kochen. Für die letzten 15 Minuten die geschälte Zwiebel mitkochen. Während der letzten 10 Minuten das Schweinskopffleisch mit Maske mitkochen. Schweineschwarten nach dem Abkühlen zusammen mit den Schweinskopfabschnitten – alles klein geschnitten – und der Zwiebel durch die feine Scheibe der Fleischmaschine drehen. Danach ⅓ dieser Masse am besten noch einmal im Blitzhacker oder der Kompakt-Küchenmaschine feiner pürieren. Schweinskopffleisch mit Maske in Streifen oder Würfel schneiden und mit der roh durch die feine Scheibe der Fleischmaschine gedrehten Leber vermischen. Die beiden anderen Massen zugeben. Mit den angegebenen Gewürzen würzen. Alles sehr gut miteinander vermischen.
In Schweinemagen, Schweinekappen oder Rinderbutten einfüllen.

* Augenpartie mit Backen

Bei 80° 2 Stunden im Kessel garen. Dabei einige wenige Male leicht einstechen.
Auf nasser Unterlage auskühlen lassen, wobei man die Würste mit einem Brett bedecken und leicht pressen kann.
Diese Leberpreßsäcke gewinnen deutlich an Wohlgeschmack, wenn man sie am nächsten Tag in den Kaltrauch hängt. Es ist auch möglich, die Masse in Dosen und/oder Gläser zu füllen und 1 ½ bzw. 2 Stunden zu sterilisieren. Nach einigen Tagen wird eine zweite Sterilisierung von 1 Stunde empfohlen.

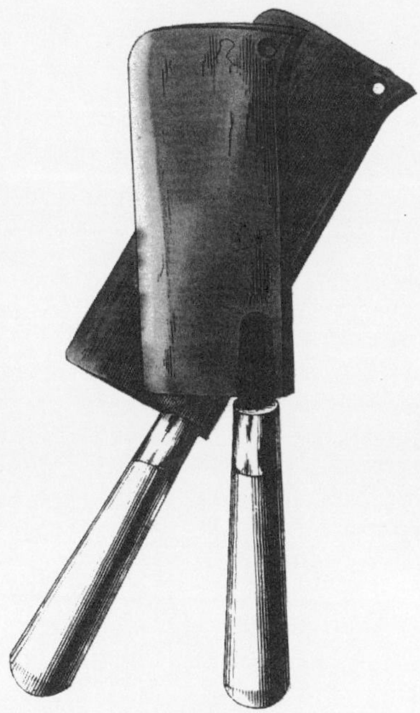

Zwiebelleberwurst

Für 5 kg dieser Wurst:
1 kg Rückenspeck,
1 kg Schweinebauch ohne Schwarte,
1 kg Schweinskopffleisch und -abschnitte,
1,25 kg Schweineleber,
knapp 1 kg Zwiebeln,
100 g Salz,
1 TL weißer Pfeffer aus der Mühle,
1/2 TL Thymian,
1 TL pulverisierter Salbei.

Rückenspeck und Schweinebauch zusammen mit den geschälten Zwiebeln 15 Minuten im leicht siedenden Wasser anbrühen. Schweinskopffleisch nebst den Abschnitten vom Kopf 1 Stunde kochen.
Schweineleber putzen (vor allem Gallengänge entfernen), würfeln und durch die feine Scheibe der Fleischmaschine drehen.
Die abgekühlten anderen Zutaten, alle grob zerschnitten, ebenfalls durch die feine Scheibe wolfen. Alles miteinander vermischen. Die angegebenen Gewürze gut in der Masse verteilen. Abschmecken. Eine ganz kleine Portion in einem Näpfchen garen und probieren.
Am besten wird diese Zwiebelleberwurst in Dosen oder Gläser gefüllt. Die Sterilisierzeit beträgt dann 90 Minuten oder 2 Stunden je nach Größe der Gefäße. Eine zweite Sterilisierung von 1 Stunde Dauer ist nach einigen Tagen ratsam. Kühl lagern.

Kuttel-Leberwurst

Leser aus Norddeutschland mögen sich bitte nicht durch den Namen dieser Wurst abschrekken lassens, sondern sie einmal ausprobieren.

Für 5 kg dieser Wurst:
1,5 kg Schweineschnauzen (Rüssel),
1,5 kg vorgekochte Kutteln (Kaldaunen) vom Rind,
1,75 kg vorbereitete frische Schweineleber (ohne Gallengänge),
7 EL Salz, 2 EL granulierte Zwiebeln,
1 EL gemahlener weißer Pfeffer,
2 EL pulverisierter Traubenzucker,
je 1 TL Majoran, Salbei, Muskatnuß (alles gemahlen), 1/2 TL Ingwerpulver.

Schweineschnauzen, die natürlich ohne Knochen sein müssen, eine Stunde siedend garen, dann auskühlen lassen, in Stücke schneiden und zusammen mit den in Streifen geschnittenen Kutteln und der Leber durch die feine Scheibe der Fleischmaschine drehen. Eventuell einige Eßlöffel Kochbrühe zufügen. Das Zwiebelpulver (granulierte Zwiebeln) in ganz wenig Brühe weichen lassen. Alle anderen Gewürze breitflächig über die Masse geben und gut mit dieser vermischen. Zum Schluß auch noch das eingeweichte Zwiebelgranulat einarbeiten. In Därme von etwa 6 cm Durchmesser füllen und bei 80° reichlich eine Stunde garen. Anschließend nur kurz in lauwarmes Wasser legen und dann in Eiswasser, dem reichlich Eiswürfel beigemischt sind, schnell abkühlen lassen. Aufhängen und bei Raumtemperatur trocknen lassen. Dann im Kühlschrank lagern oder einfrieren. Auch Sterilisieren in Dosen oder Gläsern ist möglich.

Leber-Reis-Wurst

Für ca. 8 kg Wurst:
500 g roher Reis,
2,5 kg Schweineschnauzen,
1,75 kg Schweineleber, geputzt von allen Gallengängen,
1 mittelgroße Zwiebel,
1 EL Schweineschmalz,
7 EL Salz,
1 EL gemahlener schwarzer Pfeffer,
1 TL pulverisierter Majoran,
2 1/2 EL edelsüßes Paprikapulver,
1 kräftige Prise Rosenpaprika.

Reis waschen und in reichlich Wasser weichkochen. Abgießen und abkühlen lassen.
Das Kopffleisch (Schnauze) etwa 1 Stunde kochen, bis es weich ist. Die Leber nur ca. 3 Minuten in der Brühe blanchieren. Alles Fleisch in Stücke schneiden und abkühlen lassen. Die Zwiebel schälen, grob zerschneiden und im Schweineschmalz hellgelb werden lassen. Sie muß ebenfalls abkühlen.
Fleisch, Leber und Zwiebel durch die feine Scheibe der Fleischmaschine drehen. (Man kann auch die Leber gesondert, dann aber durch die gröbere, mittlere Scheibe wolfen).
Schweineteile zusammen mit dem gekochten Reis in eine große Schüssel geben. ca. 3 l Wurstbrühe (oder Brühe, in der das Kopffleisch gekocht wurde) nebst allen Gewürzen zugeben und gut miteinander vermischen. In Därme von etwa 4 cm Durchmesser lose füllen und zu 15 cm langen Würsten abbinden.
Bei 80° etwa eine Stunde lang garen. In sehr kaltem Wassser abkühlen, dem man, nachdem die Würste eingelegt wurden, noch eine große Portion Eiswürfel zusetzt.
Kurz trocknen lassen und in den Kühlschrank legen. Einfrieren ist möglich.

Wälsche Würste kauft! Aus: Joh. Chr. Brand, Wiener Kaufrufe, 1775. Stich von Carl Lonti

Party-Leberwurst

Dies ist nicht unbedingt ein reines Schlachtfestrezept. Diese Leberwurst kann man auch unabhängig von der Schlachtzeit sehr einfach herstellen. Sie eignet sich – wie ihr Name bereits sagt – besonders gut zur Bewirtung von Gästen. Deshalb wird auch eine Rezeptur mit geringeren Mengen gegeben, sie ist für etwa 10 Personen gedacht.

250 g Zwiebeln,
1 EL Schweineschmalz,
250 g mageres Schweinefleisch vom Bug oder aus der Keule,
2 EL Butterschmalz,
weißer Pfeffer aus der Mühle,
Salz und gerebelter Majoran,
300 g frischer fetter Speck,
750 g Schweineleber, von Gallengängen befreit,
1 Tasse süße Sahne,
1–2 Lorbeerblätter.

Zwiebeln schälen und im heißen Schmalz gut glasig werden lassen; sie dürfen keine Farbe nehmen. Das Schweinefleisch in Streifen schneiden, diese gut mit Pfeffer vermengen und im heißen Schmalz anbraten. Salzen, abkühlen lassen. Fetten Speck in Würfel schneiden; einige besonders kleine Stückchen zurückbehalten. Alle anderen zusammen mit den Leberstücken und den abgekühlten Zwiebeln durch die feine Scheibe des Fleischwolfs drehen. Abgekühlte Fleischstreifen ebenfalls wolfen. Alle Zutaten miteinander vermischen. Gewürze zugeben, abschmecken, nachdem auch die Sahne eingearbeitet wurde. Die zurückbehaltenen Speckwürfelchen ebenfalls unter den Fleisch-Leber-Teig mischen. (Wer will, kann auch einige Leberstreifchen abzweigen, sie kurz mit dem Fleisch anbraten und jetzt ebenfalls untermischen.)
Die Masse in Steinguttöpfchen oder in eine feuerfeste, rechteckige Pastetenform füllen. Oberfläche glattstreichen und die Lorbeerblätter auflegen. Gut zudecken: wenn keine Deckel vorhanden sind, mit Alufolie. In einen Bräter oder in die Fettwanne setzen. So viel Wasser zugießen, daß es zwei Drittel der Formhöhe erreicht. Bei knapp 200° im vorgeheizten Backofen eine gute Stunde garen. Stäbchenprobe machen. Während des letzten Drittels der Garzeit kann man Alufolie oder Deckel abnehmen, die Lorbeerblätter entfernen und eine nicht zu feste Kruste entstehen lassen.
In den Geschirren auskühlen lassen. Diese Party-Leberwurst kann in den Geschirren serviert werden. Sie hält sich im Kühlschrank eine knappe Woche. Einfrieren ist möglich.
Dazu ißt man helles Bauernbrot und Gewürzgürkchen.

Eingelegte Leberwurst

Auch dieses Rezept eignet sich am besten zur Bewirtung von Gästen. Es bietet Gelegenheit, die Güte der hausgemachten Leberwurst besonders eindrucksvoll und auch ungewöhnlich zu präsentieren. Ein Hausschlachtungs-Gericht, von dem man noch lange sprechen wird.

Für 4–8 Personen:
500 g Hausmacher-Leberwurst, die leicht geräuchert sein sollte,
5 EL Weinessig,
1 Prise Salz,
1 Prise Zucker,
1/2 TL grüner Pfeffer aus der Mühle oder grob geschrotet,
1 EL Senf,
5 EL Öl,
5 EL feingeschnittene Zwiebel,
je 1 gehäufter EL Schnittlauch und Petersilie (beides kleingeschnitten) sowie
einige Zwiebelringe.

Hausmacher Leberwurst mindestens 2 Stunden in den Kühlschrank legen. Dann enthäuten und in nicht zu dünne Scheiben schneiden. In ein Gefäß legen und wieder zurück in den Kühlschrank stellen.
In einer Rührschüssel den Essig mit Salz, Zukker, Pfeffer und dem Senf zu einer homogenen Sauce vermischen. Öl kräftig einrühren. Gehackte Zwiebeln, Schnittlauch und Petersilie zugeben. Vor dem Servieren noch einmal durchrühren.
Die Leberwurstscheiben in einen Keramiktopf schichten, dazwischen und darüber die Sauce gießen. Sie sollte eine gute halbe Stunde Zeit haben, die Wurstscheiben zu marinieren. Zum Schluß mit Zwiebelringen garnieren.
Man kann die Wurstscheiben auch auf einer Platte dachziegelartig anordnen und mit der Sauce übergießen. Dazu Bauernbrot und Butter servieren.

Pikante Leberpastete

Mit Bratkartoffeln und Salzgurken eine köstliche Hauptmahlzeit! Auch als Partyattraktion ist die Leberpastete bestens geeignet. Als Hauptgericht reicht sie für 6 Personen, auf einem kalten Büffet oder als Vorspeise kann man mit 12–15 Portionen rechnen.

1 kg geputzte Schweineleber,
200 g fetter, frischer Speck,
2 grob zerteilte Zwiebeln,
2 abgeriebene und in dünne Blättchen geschnittene Brötchen,
1/4 l Milch,
4 Eier,
Salz, Pfeffer aus der Mühle,
gerebelter Majoran und 1 kleine Prise Zucker,
1/8 l süße Sahne,
2 EL Butter.

Leber würfeln, ebenso den Speck. Beides zusammen mit den Zwiebeln durch die feine Scheibe der Fleischmaschine drehen. Brötchen in der Milch einweichen, ausdrücken und ebenfalls durch den Wolf drehen. Die Eier in die Lebermasse einarbeiten. Mit den angegebenen Gewürzen abschmecken. Zum Schluß erst die Sahne untermischen.
Eine Kastenform mit Butter ausstreichen, die Masse eingießen, glattstreichen und zugedeckt (eventuell mit Alufolie) in einen Bräter oder in die Fettwanne stellen. Wasser bis gut zur halben Höhe der Form zugießen und im vorgeheizten Backofen bei ca. 160° eine gute Stunde garen. Stäbchenprobe! Gegen Ende der Garzeit die Abdeckung entfernen, damit sich eine leichte Kruste bilden kann. Abkühlen lassen, dann mit einem Brettchen bedecken und dieses beschweren. Einige Stunden so stehen lassen.
Die Pastete kann – gestürzt oder in der Form – mehrere Tage im Kühlschrank aufbewahrt werden. Erst nach einem Tag beginnt sie, ihren vollen Wohlgeschmack zu entfalten.
Als Beilage werden Mixed Pickles und hartgekochte Eier empfohlen. Dazu Butter und helles Bauernbrot.

Skandinavische Leberpastete

Gleiche Zutaten und gleiche Zubereitungsart wie im vorausgehenden Rezept geschildert. Einzige Ausnahme: Es werden 8 – 10 Anchovisfilets mit der Leber durch die Fleischmaschine gedreht. Beim anschließenden Salzen muß man etwas sparsamer sein.

„Prudentia“. Aus der Folge der Tugenden.
Pieter Bruegel d. Ä., 1559

Bratwürste vielerlei Art

Diese Wurstart ist wohl die vielseitigste: zum Rohessen, gebraten mit und ohne Sauce, gegrillt, luftgetrocknet, geräuchert sowie roh als Hackepeter oder Mett verzehrt oder auch in Dosen oder Gläsern eingemacht. Viele Städte wie Regensburg oder Nürnberg und Landschaften wie Franken oder Thüringen haben ihre Bratwurstspezialitäten. Auch in anderen Ländern erfreuen sich Würste dieser Art größter Beliebtheit, weshalb auch einige dieser Rezepte in unsere Auswahl aufgenommen wurden.

Bratwurst – Grundrezept –

(nach Fritz Gröbe)

Grundsätzlich verwendet man halbfettes Fleisch dazu. Besonders wohlschmeckend wird die Bratwurst, wenn man genügend Schinkenstücke oder auch Schulterfleisch verwendet. Der Fettanteil ist unbedingt erforderlich, er gibt die nötige Bindung.

Wer selbst schlachtet, der hat die einmalige Gelegenheit, die Fleischzutaten ganz frisch, also noch schlachtwarm zu verwenden. Dadurch entsteht ein unnachahmlich guter Geschmack, der diese Würste zu einem Hochgenuß macht, vor allem, wenn man sie erst nach einigen Wochen und luftgetrocknet ißt. Sie sehen dann grau aus. Der durch Salpeter verblendete Wurstesser würde sie wahrscheinlich „unansehnlich" nennen.

In diesem Grundrezept werden nur die *Verhältnisse der Zutaten* zueinander und *Gewürze pro Kilogramm Wurstmasse* angegeben. Jeder kann sich dann ohne Mühe die eigenen Mengen zusammenstellen.

1/2 mageres Schweinefleisch (Schinken und Schulter),
1/2 Fettstücke (ebenfalls von Schinken und Schulter, ersatzweise kann auch noch Rückenspeck zugesetzt werden.
Pro 1 kg Masse, durchgedrehte Mischung aus magerem und fettem Fleisch, braucht man folgende Gewürzmengen: 18–20 g Salz,
2 1/2 g gemahlenen Pfeffer (ich mische gern schwarzen und weißen miteinander; ein Zusatz von geschrotetem grünem Pfeffer ist ausgezeichnet),
1 g frisch geriebene Muskatnuß,
1/2 Zehe Knoblauch aus der Presse
oder 1/4 von einer kleinen Zwiebel

(ich verwende gern Knoblauchpulver oder Zwiebelpulver, etwa 1 kräftige Prise pro kg Wurstmasse), je 1 kräftige Prise (ca. 1/3 TL) Kardamom, gemahlen, Kümmel, ganz, und gerebelten Majoran, (das eine oder andere der zuletzt angegebenen Gewürze kann je nach persönlichem Geschmack weggelassen oder in seiner Dosis etwas erhöht werden). Möglich ist auch noch die Zugabe von 1 Messerspitze abgeriebener Schale einer unbehandelten Zitrone; sehr gute Erfahrungen habe ich mit der Zugabe einer kleinen Prise kristalliner Zitronensäure oder 1 Prise Ascorbinsäure pro kg Masse gemacht; beide wirken sich bei der Lufttrocknung vorteilhaft aus und sind in Pulverform in jeder Apotheke zu kaufen.

Fleisch in Würfel schneiden und durch die große Scheibe – auch mittlere Scheibe möglich – des Fleischwolfs drehen. Hierbei ist es besonders wichtig, daß das Messerkreuz sehr scharf ist, damit Fleisch und Speck (die man beim Durchdrehen gleich miteinander vermischt) glatt zerschnitten und nicht zerquetscht werden.

Zum Mischen ist eine breite Schüssel oder Wanne vorteilhaft; man kann darin die Masse ausbreiten und die Gewürze breitwürfig und von möglichst großer Höhe darüber streuen; so werden sie bereits etwas verteilt und können kaum klumpen. Die (sauber gewaschenen) Hände sind immer noch die besten Mischgeräte, man knete kurz aber kräftig durch. Diese Masse läßt sich durch die Fleischmaschine mit entsprechendem Vorsatz ausgezeichnet in die Därme stopfen.

Möglichst dünne Schweinedärme verwenden; beim Einkauf kann man auch einfach Bratwurstdärme verlangen. Abbinden zu 12–15 cm langen Würsten, die recht fest gestopft sein dürfen. Zunächst für etwa 24 Stunden in einem zimmerwarmen Raum mit einigen Zentimetern Abstand voneinander über Stangen (Besenstiele) zum Trocknen aufhängen. Dann in einem luftigen Raum ohne Durchzug und Frost bei 10–15° Raumtemperatur mehrere Wochen zum Trocknen aufhängen. Die Würste dürfen sich dabei nicht berühren. Ist die Luftfeuchtigkeit eben unter 80 %, so hat man ideale Bedingungen. Luftige Kellerräume sind zur winterlichen Schlachtzeit häufig gut geeignet, wenn man die Fenster offen hält. Dunkelheit tut dem Lufttrocknungsvorgang ebenfalls gut. Von Zeit zu Zeit, sagen wir alle 4–6 Tage, sollte man ein Würstchen probieren; das macht Spaß und läßt den Reifungsprozeß erkennen. Sollten sich Anzeichen von Schimmel auf der Haut bilden, was mir, Gott sei Dank und unberufen, noch nicht passiert ist, so wasche man die Würste mit einer Milchsäurelösung (fünfprozentig) ab. Geschieht das rechtzeitig, so tritt kein Schaden ein.

Die Würste, die nach dem geschilderten Grundrezept hergestellt wurden, lassen sich natürlich auch in frischem Zustand braten.

Würste, die dieser Verwendungsart zugeführt werden sollen, können in Saitlinge, dünne Schafsdärme gestopft werden, die jedoch nur lose gefüllt werden sollen, damit sie weder beim Stopfen noch beim Braten platzen.

Die luftgetrockneten Bratwürste sollte man, wenn sie ausgereift sind, trotz ihrer Benennung nicht braten. Werden sie in knapp siedendem

Bauernbratwurst Thüringer Art

nach Paul Axthelm

Für 5 kg dieser Bratwürste:
2 kg nicht zu fetter Schweinebug,
2,5 kg durchwachsener Schweinebauch,
0,5 kg mageres Rindfleisch,
100 g Salz,
12 g weißer Pfeffer und
7 g Kümmel.

Alles Fleisch in Würfel schneiden, wenn nicht schlachtwarm, dann im Kühlschrank stark kühlen. Durcheinandermischen und alles durch die mittlere Scheibe der Fleischmaschine drehen.
Mit allen Gewürzen gut vermischen und in Schweinedünndärme füllen. Zu 15 cm langen Würsten abbinden und gut antrocknen lassen. Diese Würste werden gern im Kaltrauch geräuchert.

Wasser erhitzt, so sind sie eine hervorragende Beilage zu einem saftigen Kartoffelsalat und schmecken auch, wenn man nur eine Scheibe Bauernbrot dazu ißt.
Diese Bratwürste kann man natürlich auch nach dem Antrocknen kalt räuchern. Der Geschmack wird dadurch geändert.
Steht zur Herstellung kein schlachtwarmes Fleisch zur Verfügung, so sollte man stets das Räuchern erwägen. – Vor dem Durchdrehen von Fleisch und Fett ist es dann auch vorteilhaft, beides mehrere Stunden in die kälteste Zone des Kühlschranks zu stellen, damit es eiskalt wird. Es geht auch, wenn man die Würfel für eine halbe Stunde in die Tiefgefriertruhe gibt. Eiskaltes Fleisch läßt sich, ebenso wie der gleichermaßen vorbehandelte Speck, sehr viel besser durchdrehen, das Kreuzmesser greift dann besser, die Körnung wird klarer.

Thüringer Rostbratwurst

Dies ist eines der zahlreichen Originalrezepte. Es stammt von dem alten Hausmetzger Paul Axthelm aus Kolleda (bei Erfurt).

Mengen gelten für 5 kg Brät (Wurstmasse):
3 kg nicht zu fettes Bugfleisch vom Schwein,
2 kg Schweinebauch ohne Schwarte,
100 g (gut 3 gehäufte EL) Salz,
20 g Pfeffer, weiß, gemahlen (das sind ca. 3 geh. TL),
7 g Kümmel (1 schwach geh. EL),
1 kleines Ei (Größe 7 oder 6),
1/10 l Milch (das sind 1 Weinprobiergläschen oder 5 kleine Schnapsgläschen; am besten H-Milch, Fettstufe).

Alles Fleisch in Würfel schneiden und zusammen mit Milch und Ei sehr gut kühlen. Magere Stücke durch die mittelfeine, fette durch die feinste Scheibe des Fleischwolfs drehen. In einer gut gekühlten Schüssel mit Milch, Ei und den Gewürzen gut vermischen. In Naturdärme von gut 2 cm Durchmesser füllen, dabei nicht zu fest stopfen. Abbinden zu Längen von 20 bis 25 cm.
Den richtigen Geschmack bekommen die Thüringer Rostbratwürste erst, wenn sie über Holzkohlen gegrillt werden. Sie werden dabei immer etwas aufplatzen, was das würzige Röstaroma noch verstärkt. Die kräftig gegrillten Würste werden in ein längliches, aufgeschnittenes Brötchen gelegt und dann gern mit Delikateßsenf bestrichen.

Mögliche Abwandlungen des Rezepts:
Ich persönlich verringere gern die Zugabe von Pfeffer und Kümmel ein wenig und gebe dafür noch 1 TL im Mörser frisch gestoßenen Kardamom dazu.
Andere oft gebrauchte Gewürze sind Majoran, abgeriebene Zitronenschale und/oder geriebene Muskatnuß.
Zuweilen wird auch ein Viertel des mageren Schweinefleisches durch sehnenfreies Rindfleisch (Schmorbratenstück) oder durch Kalbsschulter ersetzt. – Wer eine bessere Bindung der Würste erreichen will, besonders wenn das magere Fleisch recht grob gekörnt ist, der treibe das Bauchfleisch ein zweites Mal und dann zusammen mit der eiskalten Milch (aus dem Tiefkühlfach) durch den Fleischwolf.
Die Menge von 5 kg wurde für dieses Rezept gewählt, weil sie ausreichend für eine größere Grill-Gesellschaft ist. Wer Thüringer Rostbratwürste übrig behält, der sollte sie einfrieren. Sie halten sich gut 6 Wochen. Grundsätzlich sind diese Würste zum Frischverzehr bestimmt. Für einen Grillabend kann man sie am Tag vorher machen und im Kühlschrank aufheben.

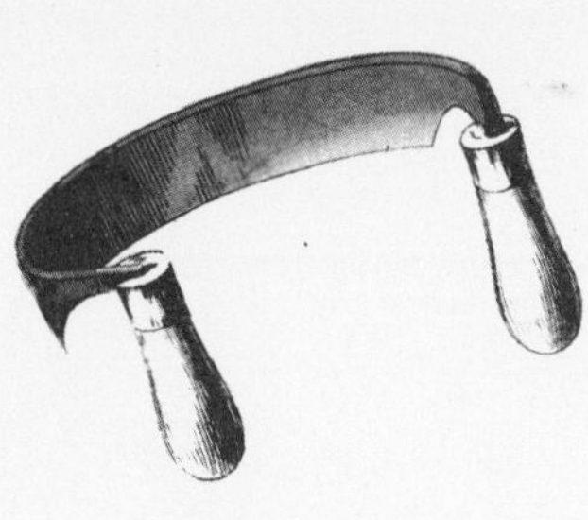

Kartoffelwurst

nach einem Bauernrezept aus dem Hunsrück

Diese Wurst wird oft als Arme-Leute-Essen abgetan. Sicher ist sie eine Erfindung des legendären Herrn Schmalhans, der in vielen Gegenden Deutschlands allzu oft Küchenmeister war. Ich finde eine gute Kartoffelwurst so schmackhaft, daß ich sie mir vom leider viel zu früh verstorbenen besten Spießbrater Deutschlands, bei dem man märchenhafte Steaks bekam, oft extra zubereiten ließ. Das Rezept, das mir in Idar-Oberstein so gut schmeckte, habe ich aufgeschrieben, damit man sich auch anderswo an Kartoffelwurst erfreuen kann. Besonders gut schmeckt sie an Tagen nach dem Schlachtfest, wenn man des Fetten genug hat. Kartoffelwurst eignet sich auch hervorragend fürs Hausschlachten in der Stadtwohnung außerhalb der Schlachtsaison.

Für 6 Portionen:
1 1/4 kg frischer durchwachsener Schweinebauch,
250 g mageres Schweine- oder Rindfleisch,
gut 2 kg Kartoffeln,
2 abgeriebene altbackene Brötchen,
Salz, Pfeffer aus der Mühle,
Nelkenpulver, geriebene Muskatnuß und Bohnenkraut.

Alles Fleisch in Würfel schneiden und in leicht gesalzenem Wasser eine gute Stunde kochen. Die Kartoffeln schälen und in Schnitze teilen, die während der letzten 30 Minuten mit dem Fleisch gegart werden.
Brötchen in dünne Scheiben schneiden, mit etwas Kochbrühe weichen und dann mit allen anderen Zutaten, die man hat abtropfen lassen, durch die feine Scheibe der Fleischmaschine drehen. Gewürze zufügen und abschmecken. Die Masse für die Kartoffelwurst muß kräftig schmecken. Ich liebe eine reichliche Zugabe von Bohnenkraut. Eventuell die Masse mit wenig Brühe geschmeidiger machen. Lauwarm in Kranzdärme füllen und zu Ringen abbinden. Nicht zu fest stopfen, damit die Würste nachher nicht platzen. Die angegebenen Mengen sollten 6 Wurstringe ergeben. Diese werden bei 85° etwa eine Stunde lang gegart.
Pro Person richtet man einen Ring Kartoffelwurst auf Sauerkraut an. Kartoffeln gehören nicht mehr dazu, denn die sind ja bereits in der Wurst. Dafür schmeckt eine Scheibe Bauernbrot gut dazu.

Hackepeter

Eine Berliner Spezialität, die besonders als „Schrippe mit Hackepeter" in den Eckkneipen zu Ruhm und Ehre kam.

Für 6–8 Personen:
1 kg nicht zu mageres Schweinefleisch,
2–3 mittelgroße Zwiebeln,
Salz und schwarzer Pfeffer aus der Mühle.

Das Fleisch in Würfel schneiden und durch die mittlere Scheibe der Fleischmaschine drehen. Die Zwiebeln schälen und zwei davon in Würfelchen schneiden, die dritte in dünne Ringe teilen.
Hackfleisch mit den Zwiebelwürfeln vermischen und mit den Gewürzen kräftig abschmecken. Dabei sollte unbedingt frischgemahlener Pfeffer aus der Mühle verwendet werden, weil dessen Aroma für den Wohlgeschmack des Hackepeter entscheidend ist. Ich habe neuerdings auch ausgezeichnete Erfahrungen mit grob geschrotetem grünem Pfeffer gemacht. An der Größe der Zwiebelwürfel entzünden sich leidenschaftliche Debatten der Kenner: die einen wollen sie ganz klein, die anderen so groß, daß sie noch als Zacken aus dem Hackepeter herausragen.
Auf jeden Fall sollte man dieser Zubereitung eine Stunde Zeit lassen, in der sich die Geschmacksstoffe der Zutaten miteinander verbinden können. Beim Anrichten mit den Zwiebelringen garnieren.

Mett oder Bauernmett

Beides sind andere Namen für das, was die Berliner Hackepeter nennen. Die Zubereitungsart und die Zutaten sind gleich (voriges Rezept).
An Schlachttagen macht man aus Mett gerne auch

Frikadellen, Buletten oder Fleischküchle.

Diese gewinnen an Wohlgeschmack, wenn man die Zwiebel recht fein schneidet und in etwas Fett vorher hellgelb anbrät. Erst nach dem Abkühlen in das Mett geben, dem man zur besseren Bindung auch etwas in Wurstbrühe eingeweichte Brösel und 1 Ei beimengen kann. Frische, gehackte Petersilie mildert den Fettgeschmack.

Eichsfelder Kieker

nach einem Bauernrezept aus Birkungen

Kieker gehört zweifelsfrei zu den besten deutschen Würsten. Er wird in der Gegend von Eschwege und bis Hannover hin bei Hausschlachtungen hergestellt und auch in Metzgereien angeboten. Mein Rezept stammt von jenseits der innerdeutschen Grenze, von einem guten, alten Freund aus dem kleinen Dorf Birkungen bei Leinefelde.
Auch bei dieser Zubereitung spielt die entscheidende Rolle, daß das Fleisch schlachtwarm verarbeitet wird. Davon und natürlich von der Qualität des Fleisches hängt der echte Geschmack ab. Im Eichsfeld sagt man, daß nur bäuerlich gezogene Schweine, die genügend Auslauf haben, das Rohmaterial für einen guten Kieker liefern können.

Man nehme 2/3 mageres Fleisch aus der Keule oder von der Schulter
und 1/3 kernigen Rückenspeck.
Auf 12 kg Masse rechnet man
2 zerdrückte Knoblauchzehen,
300 g Salz,
20 g grobgemahlenen weißen Pfeffer und
1/2 gemahlene Muskatnuß, (5 g Salpeter).

Das Fleisch und den Speck in Würfel schneiden und – wie gesagt, möglichst schlachtwarm – durch die 3-mm-Scheibe der Fleischmaschine drehen. Anschließend gründlich mit den Gewürzen verkneten. – Ich habe den Salpeter in Klammern gesetzt, weil ich sehr viele grau aussehende Feldkieker gegessen habe, bei denen der Wohlgeschmack durch das offensichtliche Fehlen der Salpeterzugabe nicht beeinträchtigt war. Wer ihn gern röter hätte, der nehme Salpeter (oder Pökelsalz).

Die Kiekermasse wird am besten in Kalbsblasen von mittlerer Größe gefüllt. Vor dem Abbinden werden sie von den Eichsfelder Hausmetzgern mit der Gabel kräftig „gesteppt", also eingestochen. Sie müssen dann langsam in einem luftigen Raum, in dem es weder Zugluft noch Heizungswärme gibt, trocknen. Man rechnet 3–4 Monate bis zur Reife. In einer guten Vorratskammer halten sich Eichsfelder Kieker, die nach dieser Art hergestellt wurden, bis zu zwei Jahre – wenn sie nicht längst vorher aufgefuttert wurden.

In der Metzgerei. Lithographie von J. F. Schreiber, 1841 ▶

Westfälische grobe Mettwurst

Für 5 kg Wurst:
4 kg durchwachsenes Schweinefleisch (auch Abschnitte),
1 kg fetter Schweinebauch ohne Schwarte,
4 zerdrückte Knoblauchzehen oder gut 1 TL Knoblauchpulver,
9 TL Salz und 6 TL Pökelsalz,
4–5 TL weißer Pfeffer und 4 EL Senfkörner.

Alles Fleisch in Würfel schneiden und sehr gut kühlen oder in der Tiefkühltruhe ganz leicht anfrieren.
Die Knoblauchzehen zerdrücken oder Knoblauchpulver nehmen und mit den übrigen Gewürzen über die Fleischwürfel streuen und kurz aber kräftig durchmischen, damit alle Teile mit den Gewürzen in Berührung kommen.
Die Hälfte davon durch die 5-mm-Scheibe, die andere Hälfte durch die 8-mm-Scheibe der Fleischmaschine drehen.
Die Masse noch einmal kräftig durchmischen, möglichst mit einem Knethaken, um sie nicht zu sehr zu erwärmen.
In Kranzdärme oder enge Mitteldärme füllen. Über Nacht abhängen lassen und dann im Kaltrauch goldgelb räuchern.
Man kann diese Würste auch in zugfreier Luft in einigen Wochen trocknen.

Kentucky-Wurst

Dieses Rezept kommt aus den Vereinigten Staaten. Die Wurst wird fast nie in unserer Wurstverzehrweise gegessen, sondern zu einer Art besonders schmackhafter Buletten gebraten. Da man sie einfrieren kann, stellt sie eine gute Abwechslung des Küchenzettels dar.

2 kg mageres Schweinefleisch aus dem Bug,
1 kg Rückenspeck (oder Rückenspeck und Bauchspeck gemischt),
2 EL Salz, 2 gehäufte EL zerriebener Salbei,
1 EL gemahlener Pfeffer,
3 TL gemahlener Koriander,
2 TL gemahlene Muskatnuß und
1/2 TL Rosenpaprika.

Fleisch und Speck in Würfel schneiden und zusammen durch die grobe Scheibe der Fleischmaschine drehen. In einer breiten Schüssel verteilen und alle Gewürze breitwürfig darüber streuen. Kurz verkneten und ein zweites Mal durch die Fleischmaschine drehen. Nochmals kurz durchmischen und in Kunststoffdärme von 5–6 cm Durchmesser stopfen, wobei man am besten 3 gleich große Würste abbindet. Man kann auch die Masse zu drei gleich langen und ebenfalls etwa 5 cm dicken Rollen formen und in Aluminiumfolie wickeln. Auf jeden Fall muß sie mindestens 24 Stunden im Kühlschrank ruhen. Dann schneidet man Scheiben von etwa 1 1/2 cm Dicke ab und brät diese in der Pfanne. Sie schmecken ausgezeichnet zu Kartoffelsalat, können aber auch zu jedem anderen Essen, zu dem wir Frikadellen verzehren würden, gebraucht werden. Auch erkaltet schmecken sie sehr gut als Brotbelag.

Texanische Grillwürste

Genau genommen werden sie nicht gegrillt, sondern auf Grillparties in der Pfanne gebraten. Und noch genauer genommen, ist ihr Name auch anders, nämlich „Castroville Sausages". Castroville ist ein Ort in Texas, der besonders liebevoll und nachdrücklich die Erinnerung an seine ersten Siedler pflegt, die aus dem Elsaß und aus Süddeutschland kamen. Jeden August feiert man dort im „König Park" ein Erinnerungs-Freiluftfest. Von weither kommen Besucher, um vor allem die köstlichen Würste zu genießen, die unsere verehrten Leser beim nächsten Schlachten auch hier in der alten Heimat zubereiten können oder vielleicht beim nächsten Grillabend servieren. Traditionsgemäß werden diese Würste 30 cm lang gemacht. Da man für diese jedoch Pfannen im Texas-Ausmaß haben müßte, verkürzen wir sie lieber auf 15 cm und erhalten nach der folgenden Rezeptur dann etwa 20 Würste.

2 kg Schweinefleisch vom Hals, das etwas durchwachsen sein soll,
500 g mageres Rindfleisch,
4 EL Salz, 1 1/2 EL gemahlener Koriander,
1 EL gemahlener Pfeffer,
1 zerdrückte Knoblauchzehe,
1 kräftige Prise gemahlener Nelkenpfeffer (Piment) sowie 1 Prise gemahlene Nelke.

Fleisch in Würfel schneiden und durch die mittlere Scheibe der Fleischmaschine drehen. Ein Drittel davon dann nochmals durch die feine Scheibe drehen. Dann beide Massen mit allen Gewürzen gut vermischen und in Schweinedärme von ca. 3 cm Durchmesser füllen. Nicht zu fest stopfen und zu 15-cm-Würsten ab-

Chorizo

binden. Diese Würste können (für einige Wochen) eingefroren werden, oder man bereitet sie gleich zu.
Das geschieht am besten in einer schweren Pfanne, in die man knapp 2 cm hoch Wasser füllt. Kalt aufgesetzt läßt man dann die Grillwürste zugedeckt auf kleiner Hitze etwa 15 Minuten schwach kochen. Dann gießt man das Wasser bis auf 2–3 EL ab und brät nun die Würste weitere 10 Minuten, wobei man sie umdreht, damit sie auf beiden Seiten schön braun werden. Während dieser letzten 10 Minuten kommt natürlich kein Deckel auf die Pfanne. Als traditionelle Beilage reicht man in Castroville Krautsalat und Bratkartoffeln aus rohen Kartoffeln mit ausgezeichneten Dörrfleischstreifchen.

Wir leben zwar nicht in der spanischen Landschaft Estremadura, die für ihre Chorizos berühmt ist, warum jedoch sollten wir uns diese kleinen, köstlichen Würste nicht selbst machen!? – Zwar sind unsere Schweine wohl kaum dem Heiligen Antonius geweiht, wie ihre spanischen Artgenossen und haben auch kaum noch eine Eichelmast erfahren – trotzdem können auch wir Stücke unseres Borstenviehs in wohlschmeckende Chorizos verwandeln.

Für 5 kg Wurst brauchen wir:
5 kg Schweinenacken, durchwachsen,
gut 5 EL Salz, 6 EL edelsüßes Paprikapulver,
1–2 TL Rosenpaprika, 1 EL Oregano,
2 TL grob gemahlenen schwarzen Pfeffer,
evtl. 1/2–1 TL Nelkenpfeffer,
9 nicht zu kleine zerdrückte Knoblauchzehen,
ca. 1/4 l roten Weinessig sowie etwa
1/4 l Wasser oder Rotwein.

Das Fleisch in Würfel schneiden, sehr gut kühlen und dann durch die 5-mm-Scheibe der Fleischmaschine drehen. Mit allen Gewürzen vermischen. Dann noch Essig und so viel Wasser oder Rotwein einarbeiten, wie der Fleischteig leicht aufnimmt. In Schweinedärme von etwa 4 cm Durchmesser stopfen und zu Würsten von 10–15 cm Länge abbinden. Über Nacht an einem nicht zu warmen Platz trocknen lassen. Hat man nicht das richtige Klima, dann kann es mit dem Lufttrocknen Probleme geben. Sicherer ist es, diese Chorizos entweder 4–5 Stunden heiß oder – besser – einige Tage kalt zu räuchern. Chorizos können kalt gegessen werden, man kann sie auch heiß machen. Vor allem bereichern sie deftige Suppen, Eintöpfe und die spanische Paella.

Geräucherte Kielbasa

Nach einem Rezept, das von einem polnischen Metzger seit Jahren mit großem Erfolg benutzt wird.

Für 6 kg Kielbasa:
5 kg gut entsehntes Nackenfleisch vom Schwein,
5 EL Salz, 1 EL Zucker, 2 TL Pökelsalz,
1 EL gemahlener schwarzer Pfeffer,
2 große, zerdrückte Knoblauchzehen,
2 TL gemahlener Majoran,
4 Tassen Magermilchpulver
und ½ l Eiswasser.

Das Fleisch in magere und fette Stücke zerschneiden. Die mageren durch die grobe Scheibe der Fleischmaschine, die fetten durch die feinste Scheibe drehen. Man kann die fetten Stücke auch noch in der Kompakt-Küchenmaschine oder im Blitzhacker weiter zerkleinern. Beide Fleischmassen miteinander und mit den Gewürzen vermischen. Das Milchpulver darüberstreuen und gut untermischen. Zum Schluß das Eiswasser in 2 bis 3 Portionen zugießen und schnell einarbeiten. Kielbasa in Schweinedärme von etwa 4 cm Durchmesser füllen und zu beliebiger Länge abbinden.
Auf Stangen in wenigen Stunden bei Zimmertemperatur trocknen. Anschließend räuchern; möglichst mit 60° beginnen und dann auf 75° erhöhen. Ist eine Innentemperatur von 70° erreicht, so sind die Kielbasas fertig. Aus dem Rauch nehmen und mit normalem Leitungswasser kräftig überbrausen. Anschließend bei Zimmerwärme eine halbe Stunde trocknen lassen. Dann über Nacht in den Kühlschrank legen. Diese Wurst schmeckt kalt und warm gleich gut und läßt sich auch grillen.

Le Gourmand.

Rilettes

Diese französische Spezialität ähnelt im Geschmack ein bißchen unserer gekochten Mettwurst (Kochmettwurst). Kommt sie aus Tours, so geht ihr der Ruf voraus, besonders schmackhaft zu sein.

Für vier kleine Töpfchen braucht man:
750 g frischen, fetten Schweinebauch,
1 kg mageres Schweinefleisch, in Würfel geschnitten,
2 TL Salz, gemahlenen weißen Pfeffer nach Geschmack,
2 Zweiglein Thymian und 1 Lorbeerblatt,
Gewürzmischung Quatre-Epices, zu der gemahlener Pfeffer mit Nelkenpulver, geriebene Muskatnuß und gemahlener Zimt oder auch Ingwer vermischt wird, wobei die drei übrigen Gewürze zusammen nur etwa die Hälfte der Pfeffermenge ausmachen.

Speck in kleine Würfelchen schneiden und in einem Topf mit dickem Boden so lange ausbraten, bis die Grieben goldgelb sind. Dabei darf das Feuer nie zu heiß werden.
Inzwischen die Fleischwürfel mit Salz und Pfeffer bestreuen und ganz kurz durchkneten. Eine Stunde stehenlassen. Das Speckfett, das inzwischen ganz klar sein sollte, durch ein feines Sieb gießen, die Grieben zu anderer Verwendung aufbewahren und das Fett wieder in den Topf zurückgießen. Die gewürzten Fleischwürfel hineingeben. Auf ganz kleiner Hitze gut 5 Stunden garen, bis das Fleisch goldbraun ist. Während dieser Zeit sollten im Fett auch noch Lorbeerblatt und Thymian zur Geschmacksverbesserung mitköcheln.
Wieder durch ein feines Sieb abgießen. Lorbeerblatt und Thymian herausklauben und wegwerfen. Die Fleischwürfel abkühlen lassen und dann durch die feine Scheibe der Fleischmaschine drehen. Danach wieder mit dem Fett zusammen in den Topf geben, 1/2 TL der Gewürzmischung Quatre-Epices zufügen, alles gut miteinander vermengen und die Würzung prüfen.
Zur Aufbewahrung werden Rilettes in kleine Töpfchen aus Steingut gefüllt. In diesen Töpfchen läßt man die Rilettes erkalten und stellt sie dann in den Kühlschrank. Will man sie länger aufheben, so gießt man noch eine Schicht Schweineschmalz darüber. Mit Pergament zubinden. So halten sie sich im Kühlen monatelang.
Bitte immer sehr kalt servieren.

Le Gourmand. Aus: Exercises d'imagination de differentes caractères et formes humaines, inventés, peints et dessinés par J. F. Goez, 1784
◀

Schwartenmagen – Sülze – Preßkopf

„Was der König gilt unter den Fürsten,
Ist der Schwartenmagen unter den Würsten".

So hoch schätzt der Volksmund diese hausgemachte Spezialität ein. Der feinschmeckerische Dichterfürst Goethe wartete jedes Jahr sehnsüchtig darauf, daß ihm seine Mutter Frankfurter Schwartenmagen aus eigener Herstellung nach Weimar schickte.
Die Sülzen sind besonders erfrischende Wurstzubereitungen, die moderne Kühltechnik macht sie auch nach Hausschlachtungen haltbar. Zum Gelieren braucht man unbedingt Schwarten und (gespaltene) Schweinsfüße. Wer einen Kalbsfuß zusätzlich bekommt, füge ihn unbedingt bei. Eventuell einen Teil der Flüssigkeit durch säurereichen Weißwein ersetzen, der ruhig Restsüße haben darf; dadurch wird die Sülze pikanter.
Wie der Preßkopf zu seinem absonderlichen Namen kam, wird aus einem alten, in diesem Abschnitt gegebenen Rezept ersichtlich.

Schwartenmagen – Grundrezept

nach Fritz Gröbe

Die Hälfte der Masse für Schwartenmagen soll aus *magerem Muskelfleisch der Schweineschulter* sowie aus *einer Backe* bestehen. Diese Zutaten roh verarbeiten; der Schwartenmagen schmeckt besonders gut, wenn sie schlachtwarm sind. Die zweite Hälfte des Schwartenmagens besteht aus – wie der Name sagt – *Schwarten,* an denen sich, und das ist sehr wichtig, *noch etwas Speck* befinden soll, etwa 2–3 mm.

Sozusagen außer Konkurrenz, also nicht anteilig bei der Halbierung der Zutaten, kommen noch *Herz und Zunge des Schweins* dazu.

Schwarten, Herz und Zunge werden so lange vorgekocht, bis sie gut weich sind, also mindestens 1 1/2 Stunden.

Man kann auch noch einen Schweinsfuß mitkochen, der, wenn er weich ist, entbeint wird. Das Fleisch davon nebst Haut wird wie alle gekochten Teile in Streifen und Würfel geschnitten und, abgekühlt, durch die grobe Scheibe der Fleischmaschine gedreht.

Das rohe Fleisch in Würfel schneiden und ebenfalls durch die grobe Scheibe drehen. Anschließend noch mit etwas Kochbrühe nachspülen, die man in die Masse fließen läßt. Diese Masse muß vor dem Würzen gewogen werden.

Pro Kilo Masse würzt man mit:
18–20 g Salz, 1 g geriebener Muskatnuß,
2,5 g gemahlenem weißem Pfeffer und
1 kräftigen Prise Knoblauchpulver.

Alle Zutaten sehr gut miteinander vermischen und die Würzung prüfen, wobei die Masse ruhig ein bißchen zu salzig anmuten kann, was sich nach dem Kochen abmildert.

Damit eine geschmeidige Masse entsteht, ist es eventuell nötig, noch etwas von der Kochbrühe darunter zu arbeiten. In Blase oder Magen vom Schwein oder auch in dicke Kunstdärme einfüllen.

Die Schwartenmagen dann bei 80° etwa 2–3 Stunden garen. Dabei ab und zu einstechen und drehen.

In lauwarmem Wasser abkühlen lassen, dann auf eine nasse Unterlage legen unnd eventuell mit einem Brett belegen, das man etwas beschwert, um die Würste, Magen und Blase abzuflachen. Nach dem völligen Auskühlen und Trocknen sollte man den Schwartenmagen wegen der besseren Haltbarkeit und auch um des Geschmacks willen für 3–4 Tage in Kaltrauch (also unter 25°) hängen.

Schwartenmagen wird sehr gern in Dosen oder Gläser gefüllt. Diese müssen dann 90 Minuten (400 g Dosen) oder 2 Stunden (1 l-Glas) sterilisiert werden. Eine zweite Sterilisierung nach einer Woche ist ratsam.

Der Metzger. Stich von P. C. Monath aus dem Buch der Handwerksberufe, Nürnberg
◀

Mögliche Rezept-abwandlungen für Schwartenmagen

Würzen – Zugabe von 1 TL Kümmel pro Kilo Masse; oder auch 1 Prise Nelkenpfeffer oder 1 kräftige Prise Zwiebelpulver.
Fleisch – das magere Fleisch wird gern kurz (30 Minuten) mitgekocht. Ein kleiner Anteil von Rindfleisch ist möglich.
Um ein *schöneres Bild* beim Anschnitt des Schwartenmagens zu bekommen und auch zur Geschmacksveränderung verwendet man gern gepökeltes Kopffleisch und auch gepökeltes Eisbein. Dann muß man jedoch beim Salzen vorsichtig sein.
Schwarten – wenn man sie (ganz oder teilweise) durch die feine Scheibe der Fleischmaschine dreht, geben eine festere Bindung.

Pikant angerichteter Schwartenmagen

Schwartenmagen in Scheiben schneiden. Aus 1 Teil Essig, in dem Salz, Zucker und etwas Senf nach Geschmack verrührt werden, und 1 Teil Öl wird eine glatte Sauce gerührt. Man gibt kleingeschnittene Zwiebeln hinein und gießt sie über die Schwartenmagenscheiben. Das nennt man „Schwarte(n)magen mit Musik".
Zur Garnierung kann man noch einige Zwiebelringe auflegen und etwas Schnittlauch darüber streuen.
Dazu ißt man Bauernbrot mit Butter.

Festgestopfte Bratwürste, Rezept Seite 46, werden zunächst 24 Stunden in einem zimmerwarmen Raum zum Trocknen aufgehängt ▶

Sülze

*2 Schweinsfüße, evtl. 1 Schweineschwänzchen,
1 Eisbein von etwa 500 g Fleischgewicht,
500 g Fleisch von der dicken Rippe
(Brustspitze),
1 Zwiebel, gespickt mit 2 Lorbeerblättern
und 3 Nelken, 1 Stück Sellerieknolle,
20–30 g Petersilienwurzel,
2 große, geschrappte Möhren,
10 Pfefferkörner sowie 1 EL Salz,
2 Eiweiß,
1 kräftiger Schuß Weißwein-Essig und
1 Prise Zucker.*

Schweinsfüße spalten und zusammen mit dem Schwänzchen, dem Eisbein und der dicken Rippe in wenig Wasser aufsetzen und zum sachten Kochen bringen. Abschäumen. Nach 30 Minuten die gespickte Zwiebel, Sellerie, Petersilienwurzel sowie Möhren zugeben. Eine weitere Stunde kochen. Sollte eine Fleischsorte zu weich werden, kann man sie vorher herausnehmen.
Brühe abgießen, die leicht geschlagenen Eiklar mit dem Schneebesen einrühren und bis zum Kochen bringen. Von der Herdplatte nehmen, noch einige Male durchrühren und dann durch ein feines Sieb gießen, das man mit einer doppelten Lage ausgekochtem Mull ausgelegt hat. Alle Trübstoffe haben sich mit dem Eiweiß verbunden, bleiben im Sieb hängen und die Brühe ist klar. Man kann auch die erkaltete Brühe noch entfetten, indem man die oben schwimmende Fettschicht ablöst. Viele Sülzenfreunde ersparen sich Klären und Entfetten. Für sie gehört zu einer Hausmacher-Sülze eine trübe Brühe und auch eine Fettschicht.
Ich schließe mich ihrer Meinung an.

Weiter mit der Sülze! Alle Fleischteile auf eine Platte legen und, wo nötig, von den Knochen lösen. In mundgerechte Würfel oder Streifen schneiden. Auch die beiden Möhren in Würfelchen schneiden; sie verschönern nachher die Sülze.
Die Brühe – mit oder ohne Trübstoffe und/oder Fett – abschmecken. Dabei vor allem einen Schuß Essig und eine Prise Zucker zufügen. Feste Bestandteile und Brühe in Schüsseln, Kastenform oder in Gläsern miteinander vermischen und erkalten lassen. Erstarren muß die Sülze dann im Kühlschrank, in dem sie mindestens eine Nacht zubringen sollte.
Serviert wird sie mit Gewürzgurken, Remouladensauce oder einer Vinaigrette. Weiter dazu: Bratkartoffeln oder Bauernbrot.

Sülze-Zutaten

nach Paul Axthelm

Pro 5 kg Sülze:
2,5 kg Schweinekopffleisch,
1,25 kg Eisbein ohne Knochen,
750 g Schwarten,
500 g mageres Kalbfleisch,
120 g Salz,
8 g gemahlener weißer Pfeffer,
5 g Kümmel,
100 g Zwiebeln, die mitgekocht und mit durch die Fleischmaschine gedreht werden sowie 1 kleine, zerdrückte Knoblauchzehe.

Die Schwarten und die minderen Teile des Kopffleisches ebenso wie die Schwarte des Eisbeins werden durch die feine Scheibe der Fleischmaschine gedreht, um Bindung zu geben. Sonst erfolgt die Zubereitung wie im Rezept S. 62 beschrieben.

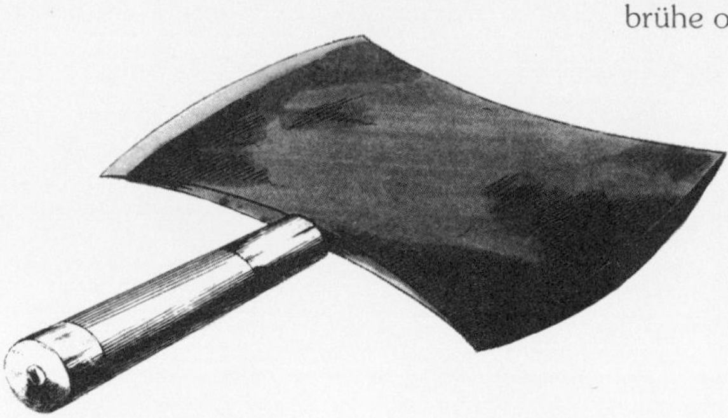

Andere Zutaten zur Sülze

Fleischteile – können z.T. vorher gepökelt worden sein, dann Vorsicht beim Salzen!
Zuweilen werden auch noch Rüssel und Ohren des Borstenviehs mitgekocht und, wenn sie gut weich sind, kleingeschnitten und mit zur Sülze verwendet, die man dann in Bayern „Knöcherlsulz" nennt.
Möglich ist auch die Zugabe anderer (magerer) Fleischstücke vom Schwein, Kalb oder Rind. Besonders fein sind Sülzen, die vorwiegend aus (gepökelten) Schinkenstückchen bestehen, die sogenannten „Schinkensülzen".
Würzung – einen besonders angenehmen Geschmack kann man durch die Zugabe von herbem Weißwein erreichen.
Estragonessig oder anderer Kräuteressig machen die Sülze pikant, sind jedoch nicht jedermanns Geschmack.
Stocken – wurden nicht genügend Schweinsfüße verwendet oder hat man zuviel Wasser genommen, so helfen Einkochen der Kochbrühe oder Zusatz von Gelatine (Aspikpulver).

Sterilisieren von Sülze

Abgekühlte Sülze, die aber noch flüsssig ist, in Halblitergläser füllen, verschließen und 1 Stunde sterilisieren.
Aufpassen – beim Abkühlen, kurz vor dem Erstarren, dann, wenn die Gelierung gerade beginnt, die Gläser kurz auf den Kopf stellen, damit sich die festen Teile in der ganzen Sülze verteilen. Dann wieder umdrehen.

Lungenwurst

Das ist beileibe keine Wurst, auf die man mit Verachtung herabschauen sollte. Zugegeben, sie ist ein bißchen aus der Mode gekommen. Kenner schätzen sie jedoch ungemein zu Grünkohl oder einem Rübentopf.
Hier ist ein hundertjähriges Rezept aus Holstein:

„Man schabt die Lunge aus Häuten und Sehnen, hackt sie, jedoch nicht zu fein (etwa halb so fein wie das Mett zur Mettwurst), hackt ferner die Mettabfälle nebst 2 Pfund Fett auf 6 Pfund Lunge und Fleisch, wobei man gleichfalls die Fettabfälle benutzen kann, rührt alles gut durcheinander und 6 Eßlöffel Salz, 2 Teelöffel voll Senfkörner sowie 1 Teelöffel voll zusammen gestoßenem schwarzem und Nelkenpfeffer darunter und stopft die Masse in gut gereinigte Gedärme. Die Wurst wird 8–14 Tage geräuchert."

Anmerkung: Ich würde die gestopften Würste erst noch eine knappe Stunde bei 80° garen und dabei mehrmals einstechen. Erst nach dem Auskühlen und Abtrocknen kalt räuchern.

Schweineschlachten. Monatsblatt Dezember, Kupferstich von Wolfgang Kilian, Augsburg, 17. Jahrhundert

Preßkopfsülze

Dies ist ein altertümliches Rezept, in dem zu erkennen ist, woher diese Spezialität ihren Namen hat.

½ Schweinskopf ohne Auge, aber mit Knochen und Knorpeln,
1 kg Kalbsrückenfleisch,
10 weiße Pfefferkörner und 10 Pimentkörner sowie gut 1 TL gemahlener weißer Pfeffer,
2 TL gestoßene Pimentkörner,
1 Lorbeerblatt und
4 EL Salz.

Den halben Schweinskopf über Nacht in kaltes Wasser legen. Am nächsten Morgen in frischem Wasser zusammen mit dem Kalbfleisch kalt aufsetzen, zum Kochen bringen und abschäumen. In die kochende Brühe Pfeffer- und Pimentkörner sowie 2 EL Salz und das Lorbeerblatt geben. Insgesamt 2 Stunden auf kleiner Hitze köcheln lassen.
Alles Fleisch herausnehmen und abkühlen lassen.
Die Schwarte vom halben Schweinskopf lösen, teilen. Das größere Stück auf den Boden einer mit einem ausgekochten Tuch belegten Schüssel legen.
Alles Fleisch in Scheiben schneiden. Gestoßene Pfeffer- und Pimentkörner mit 2 EL Salz vermischen. Fleischscheiben auf die Kopfschwarte schichten, abwechselnd Kalbfleisch und Schweinekopffleisch; dazwischen die Gewürzmischung verteilen.
Das kleinere Schwartenstück auflegen und das Tuch über dem Preßkopf zusammenfalten und zubinden. Nochmals für eine knappe halbe Stunde in die siedende Brühe hängen. Dann herausnehmen und zwischen zwei Bretter legen, deren oberstes man beschwert, damit ein echter „Preßkopf" entstehen kann.
Nach etwa 10 Stunden ist die Preßkopfsülze erstarrt und kann zum Servieren in Scheiben geschnitten werden (nachdem man natürlich das Tuch entfernt hat).
Die Kannebäcker aus Ransbach im Westerwald haben ausprobiert, daß man diese Preßkopfsülze sehr gut aufbewahren kann, wenn man sie in ihren großen Keramiktopf „Klostergeheimnis" legt, und eine kräftige Salzlake darüber gießt, zu der man etwa 100 g Salz auf 2/10 l Wasser aufgekocht hat. Natürlich braucht man mehr Lake, wieviel, das hängt von der Größe des aufzuhebenden Preßkopfstücks ab.

Tellersülze

Als baden-württembergische Spezialität auch „Tellersulz" genannt. Ich gebe das Rezept für eine recht luxuriöse Version, die man sich bei einer Hausschlachtung gut leisten kann.

2 gespaltene Schweinsfüße und nach Möglichkeit noch einige dazugekaufte Kalbsknochen,
gut 600 g mageres Schweinefleisch (Abschnitte aus der Keule möglich oder mageres Bugstück),
10 Pfefferkörner, 1–2 TL Salz,
ca. 2 l Wasser,
1 Bund Suppengrün nebst 1 Mohrrübe zusätzlich
sowie 1 Zwiebel, gespickt mit Lorbeerblatt und 2 Nelken,
2 Eiweiß,
1 Schuß Weißweinessig und
1 hartgekochtes Ei.

Alle fleischigen Teile einschließlich Knochen in kaltem Wasser aufsetzen und zum Kochen bringen. Abschäumen. Pfefferkörner und Salz zugeben. Nach 45 Minuten Suppengrün, Mohrrübe sowie gespickte Zwiebel in den Sud geben. Auf kleiner Hitze weitere 45 Minuten köcheln lassen. Sind die mageren Fleischstücke klein oder dünn, so nimmt man sie vorher heraus.

Alles Fleisch herausnehmen und abkühlen lassen, wo nötig, von den Knochen lösen und in Scheiben oder Streifen schneiden. Brühe durch ein feines Sieb abseihen und erkalten lassen. Entfetten. Wieder erhitzen, die beiden leicht geschlagenen Eiweiß mit dem Schneebesen einrühren. Vom Herd nehmen, kurz ruhen lassen und dann durch ein Sieb, das mit einem doppelten Mulltuch ausgelegt ist, gießen; alle Trübstoffe sammeln sich darin, die Brühe ist klar. Die Würzung prüfen und vor allem mit einem Schuß Essig pikant abschmekken. In Teller, die man vorher im Kühlschrank hat kalt werden lassen, einen Spiegel mit der Brühe gießen. Fleischscheiben, Schweinsfußstücke und Möhrenscheiben darauflegen. In die Mitte jeweils eine Scheibe vom hartgekochten Ei drücken. Die restliche Brühe darübergießen, wenn sie eben anfangen will zu stocken. Danach im Kühlschrank vollends fest werden lassen und kalt servieren.

Dieses Rezept reicht für 6 Portionen. Bratkartoffeln schmecken besonders gut dazu; auch Bauernbrot und Krautsalat sind zu empfehlen.

Leberkäse des Hausschlachters

Hier handelt es sich um einen Zwitter zwischen Brühwurst und Pastete. In Bayern ist der „Leberkas" am populärsten, gerade dort aber wird er ohne Leber hergestellt. Der Wortteil „Leber" wurde von „Laib" abgeleitet, hat also nichts mit dem Inhalt, sondern einzig und allein mit der Form zu tun. Hier ist ein Hausmacher-Rezept mit einem kleinen Leberanteil. Das Rezept ist für gut 1 kg Leberkäse – also zwei mittelgroße Kastenformen – gedacht.

700 g durchwachsenes Schweinefleisch (darf z.T. recht fett sein),
300 g mageres Schweinefleisch,
100 g frische Speckwürfelchen,
2 Zwiebeln, 2 TL Salz,
250 g Schweineleber,
1 TL weißer, gemahlener Pfeffer,
1/2 TL pulverisierter Majoran,
1 kräftige Prise gemahlener Ingwer,
1 kräftige Prise Muskatblüte.

Das würfelig geschnittene, durchwachsene Fleisch durch die mittlere Scheibe der Fleischmaschine drehen und in der Tiefkühltruhe sehr kalt werden lassen.
Zwiebeln grob hacken und in der Pfanne mit den Speckwürfeln gut glasig werden lassen. Abgekühlt mit dem mageren Fleisch und der Leber ebenfalls durchdrehen. Das stark gekühlte fette Fleisch im Blitzhacker (oder entsprechender Küchenmaschine) ganz fein pürieren.
Alles zusammen mit den Gewürzen gut vermischen. In zwei ausgefetteten Kastenformen (Alu-Formen) füllen, glattstreichen und in der Fettwanne im flachen Wasserbad bei 170° 10 Minuten im Ofen garen, dann mit Folie zudecken. Hitze auf 125° reduzieren und weitere 90 Minuten garen. Eventuell am Schluß noch bei kräftiger Oberhitze eine Kruste entstehen lassen. Dieser Leberkäse kann auch abgekühlt, im Kühlschrank aufbewahrt und später aufgebacken werden.
Dazu schmeckt Kren (Meerrettich) oder Senf, ein Radi (Rettich) und frisches Krustenbrot oder Brezeln.

Verschiedene Schlachtessen mit Blut

Es gibt eine Vielzahl von typischen Speisen, die anläßlich von Schlachtfesten mit Blut zubereitet werden. Es wäre falsch, sie als „Arme-Leute-Essen" abzutun, weil die vom Schwein stammenden Zutaten mittels billiger Füllstoffe verlängert werden. Tatsächlich entstehen durch Zugaben wie Grütze oder Brot ganz neue Geschmackskompositionen.

Einfache Grützwurst

Für gut 3 kg dieser Grützwurst benötigt man:
Knapp 3 l Wurstbrühe (aus dem Schlachtkessel),
2 EL Salz (falls die Brühe noch nicht gesalzen war),
1/2 TL schwarzen Pfeffer aus der Mühle,
1 kräftige Prise Nelkenpfeffer,
1 kräftige Prise Majoran,
2 große Zwiebeln, kleingeschnitten,
1 zerriebenes Lorbeerblatt,
750 g Graupen,
500 g goldgelb ausgebratene Grieben von Schweineflomen,
1 l Schweineblut,
350 g weichgekochte Schwarten.

Die Wurstbrühe mit sämtlichen Würzzutaten und den Graupen zum Kochen bringen. Gut zwei Stunden köcheln lassen, bis die Graupen ganz weich sind. Sofort die Grieben einrühren. Brühe dann abkühlen lassen und das Blut nebst den durchgedrehten Schwarten (feine Scheibe des Fleischwolfs) gut in die Masse einarbeiten.
Würzung prüfen. Wahrscheinlich kann noch etwas gerebelter Majoran zugefügt werden, denn die Grützwurst gewinnt durch pikantes Abschmecken.

Die Masse kann sehr gut in kochfeste Kunstdärme gefüllt werden, deren Durchmesser mindestens 8 cm betragen sollte. Nur sehr locker füllen, die Masse geht noch auf. Zu 20 bis 30 cm langen Stücken abbinden. In gerade siedendes Wasser einlegen. Nach etwa 15 Minuten die Hitze auf 85° reduzieren und die Würste noch eine weitere Stunde garen. Auf nasser Unterlage langsam auskühlen lassen. Zwei Tage in einem nicht zu warmen aber frostfreien, luftigen Raum aufhängen. Anschließend können die Grützwürste eingefroren werden oder man verwendet sie frisch. Vor dem Braten die Haut abziehen, 3 cm dicke Scheiben schneiden und diese anbraten. Leichtes Mehlieren vor dem Braten erhöht den Wohlgeschmack.
Beilagen können sein: Brot, Kartoffelpüree und gebratene Apfelringe oder Apfelmus.
Man kann die Grützwurstmasse auch in feuerfeste Kastenformen füllen und im Wasserbad garen.
Wer noch gekochte Fleischreste hat, der sollte sie unter die Grützwurstmasse rühren.

Die Fette Küche. Stich nach Pieter Bruegel d. Ä., 1563
◀

Holsteinische Grützwurst

Für knapp 2 kg dieser Grützwurst, also für 4–6 Personen, benötigt man:
400 g mittelfeine Hafergrütze,
½ l fette Wurstbrühe (evtl. noch 2–3 EL ausgelassenes Fett zufügen),
200 g vorgeweichte Rosinen (können auch in Rum angesetzt sein),
5 g gemahlenen Nelkenpfeffer (Piment),
10 g Salz sowie
eine kleine Prise gemahlenen Pfeffer,
1–2 EL braunen Zucker, ½ l Schweineblut.

Die Grütze wird mehrmals gründlich kalt gewaschen und dann über Nacht in der Brühe eingeweicht. Am nächsten Tag verrührt man alle übrigen Zutaten mit diesem Ansatz, läßt die Masse noch eine Stunde stehen und kocht die Grützwurst dann in einer Puddingform oder einer zugedeckten Kastenform im Wasserbad etwa 100 Minuten. Nach dem Auskühlen kann sie in Stücke geschnitten und angebraten werden.
Diese Masse kann auch in Därme gefüllt und gekocht werden.
Anstelle der Rosinen kann man auch Apfelstücke zusetzen (knapp 1 kg säuerliche Äpfel schälen, entkernen, in dünne Stifte schneiden, nicht einweichen).

Blutpudding

(nach einem alten norddeutschen Bauernrezept)

500 g altbackenes, entrindetes Weißbrot, gut 1 l Milch, 2 EL Zucker, 1–2 TL Salz, je 1 kleine Prise Nelkenpulver und gemahlener Zimt,
knapp ½ l Blut, 75 g gewaschene Rosinen, 200 g kleingeschnittene Schweineflomen und 100 g Mehl.

Brot in Würfel schneiden und mit Milch und Gewürzen vermischen. Abschließend kräftig durchkneten, damit ein glatter Brei entsteht. Flomen zu goldgelber Farbe braten und abkühlen lassen. Rosinen, abgekühlte Flomen nebst ihrem Fett sowie das Blut zur Masse geben. Das Mehl mit ein wenig Blut oder Wurstbrühe glatt rühren und ebenfalls untermischen. Die Masse gut durcharbeiten und dann in eine gefettete Puddingform füllen. Verschlossen im Wasserbad knapp 3 Stunden garen.
Zu diesem Blutpudding serviert man gern Apfelkompott, in dem noch Apfelstückchen schmeckbar sind.

Tollatschen

Eine Mecklenburger Spezialität, die heute bei uns leider fast vergessen ist (Mengen für eine Schlachtfestgesellschaft).

1 kg Mehl, 1 Päckchen Backpulver,
200 g Schweineschmalz, 500 g Zucker,
Schweineblut, so viel, daß ein knetbarer Teig entsteht,
je 1 Prise Thymian, Majoran (gerebelt),
Nelkenpulver, Zimtpulver,
gemahlener Nelkenpfeffer (Piment),
gemahlener Kardamom sowie Salz,
350 g gewaschene Rosinen,
Wurstbrühe (ersatzweise Würfelbrühe).

Mehl und Backpulver sieben, mit Schmalz und Zucker verarbeiten. So viel Schweineblut zufügen, daß ein knetbarer Teig entsteht. Mit den Gewürzen abschmecken und zuletzt die Rosinen einarbeiten. Teig zu dicken, runden Plätzchen drücken. Eines als Probeplätzchen in der Brühe garen, dabei ab und zu vom Boden lösen. Ist der Teig zu locker, noch etwas Mehl zufügen. Vor allem die Würzung prüfen. Tollatschen in der Brühe ca. 10 Minuten garen, auf einem Kuchengitter abtropfen lassen. Sie wurden früher auf Stroh gebettet aufgehoben.
Man kann auch Klöße aus der Masse kochen. Diese werden dann in Scheiben geschnitten und in Schmalz angebraten. Brät man noch Scheiben von ungeschälten Äpfeln, so kann man Tollatschen- und Apfelscheiben schuppenartig übereinanderlegen und anrichten. Tollatschen wurden gern zu Grützwurst verspeist.

Blutklüten

westfälische Art der nordostdeutschen Tollatschen

Etwa 150 g ganz kurz angebratene Speckwürfel,
1 kleingeschnittene Zwiebel,
1 l Wurstbrühe,
1–2 Tassen Schweineblut,
150–200 g Roggenschrot,
Salz, Nelkenpfeffer und 1 ganz kleine Prise Zucker,
Wurst- oder Würfelbrühe.

Im ausgebratenen Fett der Speckwürfel die Zwiebeln goldbraun werden lassen. Erkalten lassen und zusammen mit den ebenfalls erkalteten Speckwürfeln in die Wurstbrühe geben, in die man das Blut gerührt hatte. Roggenschrot unter Rühren einlaufen lassen. Gewürze in den Teig kneten und daraus kleine Brote formen. Diese in Wurstbrühe (Würfelbrühe) ca. 120 Minuten garen. Nach dem Erkalten in Scheiben schneiden und zusammen mit Schweinegrieben anbraten.

Schwarzsauer

nach einem alten münsterländischen Rezept

600 g Schweinebug in Würfel geschnitten,
1 TL Salz, 2 Lorbeerblätter,
12 Pfefferkörner, 6 Pimentkörner, Wurstbrühe,
¼ l Schweineblut,
einige EL Weinessig,
1 kräftige Prise Piment (Nelkenpfeffer),
1 TL Mehl.

Fleischwürfel mit Salz, Lorbeerblättern und Gewürzkörnern mit so viel Brühe begießen, daß sie gerade bedeckt sind. Auf kleiner Hitze so lange kochen, bis das Fleisch gut weich ist. Herausnehmen und die Brühe abseihen. Schweineblut mit Essig verquirlen und in die Brühe rühren. Mehl mit etwas Blut (oder Wasser oder Brühe) verquirlen, ebenfalls einrühren. Fleisch zugeben. Alles zusammen gut durchkochen. Würzung prüfen und zu Salzkartoffeln oder Brot servieren.
Man bereitet – vor allem im Norden Deutschlands – Schwarzsauer auch aus Kleinfleisch zu, vor allem aus Schnauze und Pfoten.
Tip: Außerhalb der Schlachtfleisch-Zeit ersetze ich das Blut durch frische Blutwürstchen, die ich aus der Pelle schiebe und zerdrücke. Ich spare dann das Mehl, denn sie binden gleichzeitig.

Panhas

beliebte westfälische Spezialität

Knapp 100 g fetter Speck in Würfelchen,
2 grob gehackte Zwiebeln,
200 g Blutwurstmasse,
200 g Leberwurstmasse,
200 g Fleischabschnitte, die ruhig fett sein dürfen,
Salz, schwarzer Pfeffer aus der Mühle,
1 TL gemahlener Piment (Nelkenpfeffer),
und 1 EL gerebelter Majoran,
gut 500 g Buchweizenmehl und
gut 1 l Wurstbrühe.

Speckwürfelchen auslassen, Zwiebeln im Fett gut weich werden lassen; sie dürfen dabei nicht dunkelbraun werden.
Die beiden Wurstmassen mit den durch die grobe Scheibe gewolften Fleischabschnitten (möglichst vorgekocht) sowie den Gewürzen vermischen.
Das Buchweizenmehl unter ständigem Rühren in die Brühe einlaufen lassen. Speck, Zwiebeln und den gewürzten Wurstbrei unterrühren. Nach etwa 10 Minuten die Hitze verringern und weitere 45 Minuten ausquellen lassen.
In kalt ausgespülte Schüsseln füllen. Erkalten lassen und eventuell im Kühlschrank aufbewahren. Zum Servieren in dicke Scheiben schneiden, diese beidseitig in Schmalz anbraten. Kartoffelpüree oder dunkles Bauernbrot mit Rübenkraut dazu reichen.

Hessischer Stechpfeffer

Für 4–6 Portionen:
500 g ausgelöstes Kopffleisch nebst den dazugehörigen Schwartenteilen,
200 g schieres Schweinefleisch,
800 g frische Schälrippchen (incl. Knochenanteil),
1 Zwiebel, besteckt mit 1 Nelke und 1 Lorbeerblatt,
Salz und schwarzer Pfeffer aus der Mühle,
1 gehäufter EL Mehl, 1 EL Butter,
1–2 Scheiben entrindetes, dunkles Brot,
Weinessig und 1 Tasse Blut.

Alles Fleisch in leicht gesalzenem Wasser aufsetzen, die gespickte Zwiebel zugeben und etwa 90 Minuten kochen. Danach das Fleisch in mundgerechte Stücke schneiden, wobei die Knochen des Schälrippchens entfernt werden. In einem Topf mit dickem Boden Mehl in Butter dunkel rösten. Inzwischen das zerkrümelte Brot in der Brühe mitkochen. Diese Brühe dann zum Ablöschen der Einbrenne verwenden. Dabei durch ein Haarsieb gießen und Brotstücke passieren. Fleischstücke zugeben. Mit zusätzlichem Salz und Pfeffer und einem Schuß Essig abschmecken. Die Sauce mit dem Fleisch sämig kochen. Schließlich Blut einrühren, nicht mehr kochen. Dazu reicht man Salzkartoffeln.
Die Thüringer Version dieses Gerichts ist der Topfbraten, der jedoch ohne Blut zubereitet wird.

Himmel und Erde

eine rheinische Spezialität

Die in den Himmel wachsenden Äpfel werden mit in der Erde gewachsenen Kartoffeln zu dieser seltsamen kulinarischen Kombination vereint. Die Blutwürste vom Schwein sind dabei ein entscheidendes Bindeglied.

1 kg Kartoffeln,
1 kg säuerliche Äpfel,
Saft von 1 Zitrone, 1 EL Zucker,
1–2 EL Butter, 1 Tasse heiße Milch,
2 große Zwiebeln, 2 EL Schmalz,
4 große, dicke Scheiben Blutwurst,
Mehl, Pfeffer aus der Mühle und Salz.

Kartoffeln schälen, schneiden und zu Salzkartoffeln kochen. Äpfel schälen und entkernen, grob zerteilen und mit Zitronensaft und Zucker so zerkochen, daß noch einige Apfelstücke sichtbar bleiben.
Kartoffeln abgießen und mit Butter und Milch zerstampfen. Den Apfelbrei mit dem Kartoffelbrei vermengen und mit Salz und wenig Pfeffer abschmecken. Warm halten.
Zwiebeln schälen und in dicke Scheiben schneiden, die man zu Ringen auseinanderdrückt. Diese in Schmalz goldgelb braten und beiseite legen. Die Blutwurstscheiben leicht mehlen und im selben Fett beidseitig braten.
Beim Anrichten neben den Apfel-Kartoffel-Brei die Wurstscheiben und darauf die Zwiebelringe legen.

Feine Blutwursthäppchen

In Feinschmeckerlokalen nennt man heute so etwas vornehm „Amuse gueule". Und diese einfache Blutwurstzubereitung ist wirklich so vornehm, daß sie diese Bezeichnung verdient.

Pro Portion:
1 Scheibe Blutwurst, leicht gemehlt,
1 dicke Apfelscheibe mit Schale und ohne Kernhaus,
2 kleine, nicht zu dünn geschnittene Zwiebelringe,
1 dünne Scheibe Graubrot in Größe der Apfelscheibe und 1 EL Butter.

Blutwurst, Apfel, Zwiebelringe und Brotscheibchen in der Butter braten. Dann wie folgt zusammensetzen: Auf die Brotscheibe kommen die Apfelscheibe, darauf die Blutwurst und obenauf die Zwiebelringchen.

Fleisch einlegen. Jan Luyken, um 1700 ▶

Typische Schlachtessen ohne Blut

Wie die meisten der vorangegangenen Rezepte können auch die folgenden Zubereitungen nicht als Fertigware im Supermarkt oder der Metzgerei gekauft werden. Man muß sie schon selbst zubereiten und darin liegt ihr besonderer Reiz. Die meisten eignen sich besonders gut für Minischlachtfeste, wie sie auch in der Stadtwohnung möglich sind. Also – ran an die Genüsse Hausmacherart.

Schweinshaxen

Wer will, kann auch Eisbein oder Dickbein dazu sagen. Die hinteren Stücke sind fleischiger als die vorderen. Alle kann man kochen, braten, grillen, schmoren, pökeln und räuchern. Gepökelte und gekochte Eisbeine nennt man in Hessen auch „Haspel". Die vielen Bezeichnungen sind ein untrüglicher Beweis für die Beliebtheit dieser Schweineteile, die zwischen Pfoten und Schinken, bzw. Schultern sitzen. Die Schwarte bleibt stets dran.

Gegrillte Schweinshaxe, gebratene Schweinshaxe

Beide werden gründlich geputzt, dann schneidet man Karos in die Schwarte und reibt sie ringsum mit Salz und Pfeffer ein. Zum Grillen muß man die Haxe auf einem Spieß befestigen, was nicht ganz einfach ist; außerdem braucht eine Hinterhaxe gut drei Stunden, bis sie knusprig und gar ist. Ich rate von diesem Verfahren ab. Besser brät man die vorbereitete Haxe in Fett scharf an, gießt wenig Wasser oder Brühe an, begießt und wendet von Zeit zu Zeit und hat seinen köstlichen Braten nach etwa zwei Stunden.

Vorgekochte Schweinshaxe

Mir scheint dies die beste Art der Zubereitung: Haxen in Salzwasser mit Suppengrün und Wacholderbeeren fast gar kochen. Herausnehmen, abtropfen lassen und in Schweineschmalz mit Zwiebeln und Möhren scharf anbraten. Im Rohr fertig garen. Dabei ab und zu mit Bier bestreichen, damit sie schön knusprig werden. Den Bratsatz mit Brühe loskochen, passieren, ganz leicht binden und als Sauce dazu reichen.

Geräucherter Schinken, Blut- und Leberwürste, Rezepte Seite 24 ff und 35 ff ▶

Pros

Saure Haxen

3–4 Schweinshaxen,
1 Bund Suppengrün, Salz,
500 g verschiedene Gemüse,
Pfeffer, Essig, Lorbeerblatt,
evtl. Kartoffelwürfel,
Essig oder Weißwein,
1 Prise Zucker, Petersilie.

Geputzte Haxen mit Suppengrün und Salz 30 Minuten kochen, dann herausnehmen und Fleisch von den Knochen schneiden. Wieder in die Brühe geben. Pfeffern. Nach weiteren 30 Minuten verschiedene geputzte, geschnittene Gemüse wie Lauch, Sellerie, Möhren, grüne Bohnen und Weißkraut zugeben. Nachwürzen mit Pfeffer und etwas Essig sowie Lorbeerblatt. Auch Kartoffelwürfel zugeben. Wenn alles gar ist, abschmecken, eventuell noch Essig oder Weißwein und 1 Prise Zucker zufügen. Fleisch kleinschneiden. Mit viel Petersilie bestreuen und servieren.

Gepökeltes Eisbein und Haspel

Beide stehen erst nach dem Schlachten zur Verfügung, wenn die Pökelung abgeschlossen ist.
Beides in wenig Wasser mit Lorbeerblatt, Zwiebel und Pfefferkörnern (eventuell auch Wacholderbeeren) eine gute halbe Stunde vorkochen, dann im Sauerkraut zu Ende garen.

Schlachtfest. Monatsblatt Dezember, Holzschnitt von Adrian Collaert, 1590 ▶

Surhaxe

Dieser bayerische Name bezeichnet keine saure Haxe, sondern eine gepökelte. Zubereitung wie Haspel. Sie kann auch geräuchert werden und wird dann gern kalt aufgeschnitten.

Sulperknochen, Solber

In beiden Wörtern steckt die Bezeichnung Salpeter, trotzdem benennt man auch ungepökelte Ohren, Pfoten, Schwänze, Schnauzen und Kopffleischstücke damit. Alles wird in wenig Wasser wie Haspel vorgekocht und dann im Sauerkraut zu Ende gegart. (Solber und Haspel sind typische hessische Ausdrücke.)

Surbraten

*1,5 kg Schweinebraten,
Wacholderbeeren, 2–3 Zwiebeln,
1 Knoblauchzehe, Salzwasser,
evtl. Pökelsalz oder Salpeter.*

Auch kein Sauerbraten, sondern Pökelbraten, der im schwäbisch-bayerischen Raum gern nach Schlachtfesten eingelegt wird.
Großen Schweinebraten einreiben mit einem Brei aus zerdrückten Wacholderbeeren, zerdrückten Zwiebeln und etwas zerdrücktem Knoblauch. – Salzwasser kochen (auf 1 l Wasser gut 2 EL Salz) und erkalten lassen. Das eingeriebene Fleisch in ein irdenes Gefäß legen, mit Sud (auch Sur genannt) übergießen, beschweren und alle paar Tage wenden. Etwa 3 Wochen eingelegt in den Keller stellen, suren. Zum Sud (Sur) kann man auch Pökelsalz verwenden oder je Liter 1 kräftige Prise Salpeter zusetzen, um eine intensive Rötung des Fleisches zu bewirken.
Fertig gesurten Braten abwaschen, trockentupfen und mit Zwiebel und Möhre kräftig anbraten. Wie Schmorbraten zubereiten.

Schälripple, Leiterchen

Beide können frisch und gepökelt verwendet werden. Frisch kommen sie zur Schlachtplatte; gepökelt kocht man sie in Sauerkraut oder Sauren Rüben.
Frische Schälripple sind inzwischen besonders beliebt als Grillgericht. Viele Metzger schneiden sie zu dick, lassen 2, 3, ja sogar 4 cm Fleisch auf den Rippen stehen. Das ist völlig irregeleiteter Kundendienst. Der Witz bei gegrillten Schälrippchen besteht gerade in der ganz dünnen Fleischauflage. Nur das unmittelbar am Knochen sitzende Fleisch hat den unvergleichlichen Geschmack. Ein guter Tip: Ungepökelte Schälripple 45 Minuten vorkochen; dann können sie ruhig erkalten oder sogar aufgehoben werden; mit Grillsauce bepinselt, bekommen sie ihren vollen Wohlgeschmack und brauchen nur noch 15–30 Minuten gegrillt zu werden.

Harzer Schwärchen

Schwärchen ist das Dialektwort für Schwarten. Eine billige, jedoch pikante Schlachtfestspezialität.

Rezept für 4 Portionen:
1 kg frische Schweineschwarte,
4 Lorbeerblätter,
4 Pimentkörner,
1 kräftige Prise Salz,
2–3 EL Zucker,
einige EL Weinessig und
1–2 EL Mehl.

Schwarte mit wenig Wasser eine Stunde kochen. Dann in Streifchen schneiden. In einem anderen Topf mit so viel Kochbrühe aufsetzen, daß die Schwartenstreifen gerade bedeckt sind. Lorbeerblätter und Pimentkörner in einem Mullbeutel oder Tee-Ei zugeben. Weiter mit Salz, Zucker und Essig würzen. So lange kochen, bis die Schwarten gut weich sind. Mehl mit wenig kalter Kochbrühe verquirlen, dann in die Sauce rühren und noch 10 Minuten kochen. Tee-Ei oder Würzbeutel herausfischen. Würzung prüfen. Mit Pellkartoffeln servieren.

Weckeweck

Hessische Spezialität

Rezept für 4–6 Portionen:
5 altbackene Brötchen, Rinde abgerieben,
gut 1 l Wurstbrühe,
750 g gekochte Schweinefleischreste,
die zum Teil auch aus Schwarten bestehen können,
3 geschälte Zwiebeln, kurz in der Wurstbrühe vorgekocht,
Salz, Pfeffer aus der Mühle,
Kümmel und Majoran (gerebelt).

Brötchen in dünne Scheiben schneiden, in der Brühe weich werden lassen und zerdrücken. Fleisch mit den Zwiebeln zweimal durch die Fleischmaschine drehen und mit Brühe und Brötchenmasse vermischen.
Mit Salz, Pfeffer, Kümmel und kräftig Majoran abschmecken. Unter gelegentlichem Umrühren gut 30 Minuten sachte kochen.
Dazu ißt man Pellkartoffeln.

Metzgerpfanne

Für 4 Portionen braucht man:
Je 200 g Blutwurstmasse und Leberwurstmasse,
3 mittelgroße, kleingeschnittene Zwiebeln,
1 EL Schmalz,
200 g durchgedrehtes Schweinefleisch vom Hals,
gut 1 l Wurstbrühe,
200 g Buchweizenmehl,
Salz, Pfeffer aus der Mühle, reichlich Majoran.

Wurstmassen miteinander vermengen. Zwiebeln im Schmalz glasig werden lassen, dann das durchgedrehte Schweinefleisch zugeben, zerdrücken und ganz leicht anbraten. Mit der Wurstbrühe ablöschen. Wurstmassen einrühren. Buchweizenmehl unter ständigem Rühren einlaufen lassen. Alles zusammen mit wenig Salz, Pfeffer und kräftig Majoran würzen. Auf kleiner Hitze etwa 30 Minuten garen. Gelegentlich umrühren. Eventuell noch etwas Wurstbrühe nachgießen.
In der Pfalz ißt man gern Bratkartoffeln zu diesem Gericht, ich ziehe Bauernbrot vor.

Griebenschnitten

Eine köstliche Erinnerung an den Schlachttag, die besonders zu einem herben Wein mundet.

Für etwa 50 Plätzchen:
500 g Mehl,
1 Päckchen Trockenhefe,
2 Tassen handwarme Milch,
1 Ei,
2–3 EL Zucker und 1 kräftige Prise Salz,
150 g Schweinegrieben und
1 Eigelb, 1 EL Wasser.

Aus den angegebenen Zutaten einen Hefeteig zubereiten, in den man, nach dem ersten Gehen, die Grieben einknetet, die vorher durch die feine Scheibe der Fleischmaschine gedreht oder im Blitzhacker etwas zerkleinert wurden. Dann Teigplatten knapp 1 cm dick ausrollen, verschobene Vierecke (Rauten) daraus schneiden, auf einem gefetteten Blech nochmals kurz gehen lassen und anschließend bei ca. 200° backen. Nach 10 Minuten Backzeit mit verdünntem Eigelb bestreichen und noch etwa 8–10 Minuten weiterbacken.

Topfbraten

Diese Thüringer Spezialität ist im Lande selbst fast so berühmt wie die Rostbratwürste – vielleicht sogar noch beliebter, weil es sie nur ein- oder zweimal im Jahr, nämlich zum Schlachtfest (oder kurz danach) gibt.

Für etwa 8 Portionen braucht man:
1 Stück Schweinskopf,
möglichst mit Ohr und Schnauze,
insgesamt ca. 1 kg incl. Knochen,
200 g frischen, durchwachsenen Schweinebauch,
1 Schweinezunge,
1 Schweineherz,
2 Schweinenieren,
Salz und Pfeffer aus der Mühle,
2 Zwiebeln, 2 Lorbeerblätter,
4 Nelken,
½ Tasse Weinessig,
125 g Saucenlebkuchen und
2–3 EL Pflaumenmus (Latwerge).

Alle Fleischteile gründlich säubern, danach mehrfach kalt waschen. In leichtem Salzwasser zunächst die Zunge gut 15 Minuten kochen, dann andere Fleischteile sowie die Zwiebeln zugeben, die mit Nelken und Lorbeerblättern besteckt wurden. Nach weiteren 40 Minuten Garzeit die Hälfte des Essigs zugeben. Abschäumen und so lange kochen, bis alles weich ist. Fleischteile herausnehmen. Brühe durch ein feines Sieb passieren. Fleisch von den Knochen lösen. Alles in mundgerechte Stücke schneiden; die Zunge dabei enthäuten.
Die Brühe mit zerkrümeltem Saucenlebkuchen wieder aufkochen, anschließend durch ein Haarsieb streichen. Mit dem Pflaumenmus verrühren und eventuell nachwürzen, wahrscheinlich muß noch etwas Essig zugegeben werden, um einen säuerlichen Geschmack zu bekommen. Fleischteile einlegen und heiß werden lassen. Ist die Sauce zu dünn, so kocht man sie etwas ein.
Traditionsgemäß werden dazu Klöße aus gekochten Kartoffeln gegessen. Zuweilen gibt man zum Topfbraten auch noch 2–3 Salzgurken, die man in Stückchen geschnitten in der Sauce mit dem Fleisch erhitzt; in diesem Fall ersetzt man gern den Essig (teilweise) durch Gurkenlake.

Scrapple

(gesprochen „skräppel")

Diese Spezialität ist auch als „Philadelphia Scrapple" bekannt. Sie stammt aber aus der Umgebung der Stadt und von Bauern, die aus Deutschland eingewandert waren, den Pennsylvania Dutch. Dieses Gericht ist besonders zum herzhaften Frühstück beliebt. Den „american touch" bekommt es durch die Verwendung von Maismehl. Es ist so gut, daß wir es reimportieren sollten.

Hier ist ein Rezept für ca. 10 Portionen:
Gut 1 kg Schweinsfüße, gut gesäubert,
500 g mageres Schweinefleisch in Würfeln,
1 Zwiebel, besteckt mit Lorbeerblatt und Nelke,
2 Tassen Maismehl (1 Tasse ca. 150 ml),
1 geriebene Zwiebel,
1–2 TL Salz,
½ TL pulverisierter Salbei,
1 Messerspitze gemahlener Pfeffer,
1 Hauch Cayennepfeffer.

Die Schweinsfüße und das Schweinefleisch zusammen mit der gespickten Zwiebel in gut 1 l leicht gesalzenem Wasser aufsetzen und etwa 2 Stunden lang kochen, bis das Fleisch fast von selbst von den Knochen fällt. Brühe abgießen und aufheben. Fleisch sorgfältig von den Knochen lösen und durch die grobe Scheibe der Fleischmaschine drehen.
Maismehl in 1 l Kochbrühe einrühren, kurz aufkochen und dann im nicht kochenden Wasserbad etwa 1 knappe Stunde unter gelegentlichem Rühren ausquellen lassen. Sofort nach dem Aufkochen das durchgedrehte Fleisch, die geriebene Zwiebel und alle Gewürze einrühren.

In eine leicht ausgefettete Kastenform von ca. 25 cm Länge einfüllen, glattstreichen, mit Folie bedecken und mindestens eine Nacht lang im Kühlschrank fest werden lassen. Vor dem Verzehr stürzen und in dünne Scheiben schneiden. Diese Scheiben können roh gegessen werden wie Wurst. Man brät sie auch besonders gern kroß an und ißt sie zu gebratenen Frühstückseiern mit Ketchup. Auch die alte deutsche Sitte ist bekannt und beliebt, die Scrapple-Scheiben zusammen mit angebratenen Apfelscheiben zu verzehren. Darüberhinaus verarbeitet man zerbröckeltes Scrapple auch zur Füllung von Gemüsepaprika oder in Reis- oder Kartoffelkroketten.
Man kann Scrapple auch mit Haferflocken zubereiten (dann ¼ l weniger Flüssigkeit nehmen).

Ferchuse, auch Fressure genannt

burgundisches Schlachtessen

Man benötigt dazu gut gereinigte Innereien des Schweins, und zwar

Für 6 Personen:
Herz, Leber, Milz und Lunge,
200 g Schweinerückenspeck in kleinen Streifchen,
2 EL Mehl,
1/4–1/2 l kräftigen Rotwein (orig. Burgunder),
1 Lorbeerblatt, zerkrümelt,
1 kräftige Prise gerebelten Thymian,
4 geschälte Schalotten,
4 zerdrückte Knoblauchzehen, Salz, Pfeffer,
1 EL Schweineschmalz,
1 mittelgroße, kleingeschnittene Zwiebel,
6 mittelgroße Kartoffeln, geschält u. geviertelt.

Die Innereien in große Würfel schneiden. Die Streifen von Rückenspeck in einem Topf mit dickem Boden ausbraten. Die Innereien zugeben, kurz anbraten, dann mit Mehl bestäuben und gut Farbe nehmen lassen. Rotwein zugießen, mit etwas Wasser verdünnen. Die Flüssigkeit soll den Inhalt des Topfes gut bedecken. Würzen mit Lorbeerblatt, Thymian, Schalotten, Knoblauch, Salz und Pfeffer. Etwa eine Stunde auf kleiner Hitze köcheln, dabei einige Male umrühren.
In der Zwischenzeit in Schweineschmalz die Zwiebel und die Kartoffelstücke schwach anbraten. Nach der oben genannten Garzeit von einer Stunde gibt man Zwiebelwürfel und Kartoffelstücke zur Ferchuse, vermischt alles und läßt sie noch 45 Minuten weiter köcheln. Würzung prüfen, vorher eventuell noch etwas Wein nachgießen; es darf jedoch keinesfalls so viel Sauce sein, daß die Ferchuse suppig wird.

Saure Schweinsfüße

Sie stellen nach allzu vielen fetten Genüssen eine angenehme und sehr pikante Abwechslung dar.

4 Schweinsfüße gewaschen und gut geschabt,
1 in Scheiben geschnittene Zwiebel,
1 Stückchen Sellerieknolle,
1 Lorbeerblatt, 1 TL Salz,
1/2 TL frisch gemahlener Pfeffer,
1/4 l Essig, 1 Lorbeerblatt und 8 Nelken.

In kaltem Wasser die Schweinsfüße mit Zwiebelscheiben, Selleriestück, Lorbeerblatt, Salz und Pfeffer aufsetzen und gut 3 Stunden auf kleiner Hitze kochen. Dabei öfter abschäumen. Schweinsfüße aus dem Sud nehmen, etwas abkühlen lassen und das weichgekochte Fleisch von den Knochen lösen. Knochen wegwerfen, Fleischstücke aufheben. Den Sud erkalten lassen und dann das Fett abschöpfen.
Essig mit Lorbeerblatt und Nelken ganz kurz aufkochen. Den Kochsud durch ein Haarsieb zugießen und schnell zum Kochen bringen. Essigbrühe heiß über die Schweinsfußstücke gießen, zudecken und nach dem Abkühlen noch etwa 24 Stunden im Kühlschrank marinieren. Stücke aus der Marinade nehmen und kalt servieren. Etwas grobes Salz und kräftiges Brot schmecken gut dazu.

Metzelsupp'

Sie war einmal so berühmt, daß ihr Ludwig Uhland ein Gedicht gewidmet hat, das METZELSUPPENLIED. Mit der immer weiter um sich greifenden Industrialisierung der Wurstherstellung und der Verwendung von immer mehr Kunstdärmen in den Metzgereien ist es ganz heimlich, still und leise beinahe zum Aussterben der Wurstsuppe, der Metzelsuppe gekommen. Aber auf dem Land findet man zum Glück auch heute noch ab und zu das verheißungsvolle Schild „Heute Metzelsupp'" an der Wirtshaustür.

Metzelsuppe entsteht beim Kochen der Fleischstücke und Innereien und Schwarten nach dem Schlachten; in ihr werden dann noch die Würste gegart. Dadurch bekommt sie einen unnachahmlichen Geschmack, voll, kräftig, erdverbunden. Heute ist man darauf angewiesen, selbst zu schlachten, um in ihren Genuß zu kommen.

Jahrhundertelang war es das Recht der Nachbarn, beim Schlachtfest kostenlos mit Metzelsuppe versorgt zu werden. Wer bei deren Zubereitung nicht ein paar Würste angestochen hatte, um seine Metzelsuppe anzureichern, der kam als arger Knicker in Verruf.

Zum Wohlgeschmack der Wurstbrühe gehört es, daß man in ihr einige Lauchstangen, eine geschälte, geschnittene Sellerieknolle, einige Möhren, etliche Lorbeerblätter sowie einige Petersilienwurzeln mitkocht.

Beim Abschmecken gibt man dann noch Pfeffer, Salz und vor allem reichlich Majoran zur Metzelsupp'.

Ratsam ist es, beim Schlachten, bei dem es sowieso viel zu viel zu essen und zu versuchen gibt, die Metzelsuppe aufzubewahren. Man kann nach dem Erkalten das herrlich schmekkende Wurstfett abschöpfen und es aufs Brot oder zur Herstellung unvergleichlich würziger Bratkartoffeln verwenden. Die Metzelsuppe kann man kühlen oder einfrieren und hat dann stets eine wohlschmeckende Suppengrundlage.

Metzelsuppe allein kann angereichert werden, indem man aus Schweinemett kleine Klößchen darin garziehen läßt.

Ich persönlich habe beste Erfahrung damit gemacht, die Metzelsuppe – die nicht stark gewürzt sein darf – kräftig einzukochen (zu reduzieren), dann Schwemmklößchen darin garziehen zu lassen und mit reichlich Schnittlauch bestreut zu servieren.

So konnte sich meine Metzelsuppe sogar innerhalb eines festlichen Diners behaupten.

Gefülltes Bauernbrot

1 Bauernbrot,
Sauerkraut mit Lorbeerblatt und Wacholderbeeren,
1/4 l herber Weißwein,
etwas von jeder Wurstsorte, die beim Schlachten anfällt.
Hat man noch einige geräucherte Bauernbratwürste, so erhöhen diese den Wohlgeschmack des reichhaltigen Brotes.

Bauernbrot so schneiden, daß man eine Kappe abheben kann und darunter nach dem Herausschneiden der Krume eine Schale entsteht.
In einem Topf das Sauerkraut mit seinen Zutaten kochen; ist es fast gar, so gibt man alle Würste hinein und läßt auf kleiner Flamme noch mindestens 20 Minuten ziehen. Anschließend schichtet man, mit Sauerkraut beginnend, dieses abwechselnd mit den verschiedenen Würsten in das Brot, deckt es zu und bringt das Schlachtessen in seiner originellen Brotschüssel zu Tisch.
Die Brotstücke können zu dem Gericht gegessen werden. Die ausgehöhlte Brotkrume kann man in die Wurstsuppe geben.

Gefüllte Backpflaumen

Eine besonders delikate Verwendungsmöglichkeit für Schweinemett. So kann eine angenehme Abwechslung im Schlachtfestangebot aussehen:

Für 4 Personen:
250 g Kurpflaumen (ohne Stein),
250 g Schweinemett, ungewürzt,
1 Tasse frisch geriebene Brösel oder Mutschelmehl, 2–3 EL Rotwein,
1 kräftige Prise Salz und ebenso viel Pfeffer, gemahlen,
1 EL Butter, 1 EL Mehl,
1 EL Zitronensaft, 1 TL abgeriebene Zitronenschale (ungespritzt), 1 Prise Zucker.

Die Kurpflaumen einige Stunden in warmem Wasser vorweichen (wer das Rezept noch verbessern will, der nehme 2/3 Rotwein und 1/3 Wasser). Inzwischen Mett mit Bröseln und Wein mischen, salzen und pfeffern. Mit dieser Mischung die abgetropften Kurpflaumen füllen. Ein flaches feuerfestes Geschirr (Keramik oder feuerfestes Glas) ausbuttern und die gefüllten Pflaumen einsetzen. Bei etwa 170° gut 20 Minuten im Backofen garen. Inzwischen die Butter in einer Pfanne zerlassen, das Mehl einrühren und mit der Einweichflüssigkeit so lange ablöschen und verrühren, bis eine gebundene Sauce entstanden ist, die mit Zitronensaft, Zitronenschale und etwas Zucker abgeschmeckt wird. Die Hälfte dieser Sauce über die gefüllten Pflaumen verteilen und weitere 5–10 Minuten garen. Den Rest beim Servieren über die Pflaumen gießen. Eine kleine Prise Salz kann der Sauce nichts schaden. Falls zu wenig Einweichflüssigkeit vorhanden, diese mit Wasser oder Rotwein ergänzen.

Gefüllte Äpfel

Eine weitere pikante Zubereitungsart für Schweinemett.

Für 4 Personen:
400 g gewürztes Schweinemett,
1 Tasse kleingeschnittene Zwiebeln,
4 große, säuerliche Äpfel,
1 Tasse brauner Zucker oder die gleiche Menge Ahornsirup sowie
1 EL Butter.

Schweinemett mit den Zwiebelwürfeln in einer Pfanne anbraten.
Äpfel mit einem Apfelausstecher durchbohren, dann halbieren. Die Höhlung in der Mitte noch bei allen Hälften etwas erweitern. Mett-Zwiebelmischung in die Höhlungen drücken und mit dem braunen Zucker bestreuen (oder mit Mapelsirup beträufeln).
Feuerfestes Geschirr gut ausbuttern, gefüllte Äpfel einsetzen, dabei eventuell die Unterseiten flach schneiden, damit sie besser stehen. Bei 170° eine gute halbe Stunde im Ofen backen, bis die Äpfel nebst Füllung gar sind. Wer will, kann nochmals etwas Ahornsirup darüber träufeln.

Feinschmecker-Schmalz

Am besten läßt man dazu Schweineflomen aus.

Man nimmt:
1 kg Schweineflomen, in Würfelchen geschnitten,
2–3 geschälte Zwiebeln, kleingeschnitten,
2 gewürfelte Äpfel,
Salz, gemahlenen Pfeffer,
gerebelten Majoran und/oder wenig Salbei.

Die Flomenwürfel in einem Topf mit dickem Boden auf mittlerer Hitze ausbraten. Sobald sie beginnen sich zu verfärben, gibt man Zwiebeln und Äpfel sowie die Gewürze zu. Bei den Äpfeln streiten sich die Liebhaber, ob es besser ist, sie nur zu entkernen und den Blütenansatz auszuschneiden, die Schale jedoch dran zu lassen, oder ob man sie schälen soll. Ich plädiere für ungeschälte Äpfel.
Nach weiteren 5–10 Minuten den Topf vom Feuer nehmen, der Inhalt gart noch eine ganze Weile weiter.
Man kann ihn durch ein feines Sieb in Steintöpfchen oder Gläser füllen. Ich schlage vor, Grieben und andere Beigaben im Schmalz zu lassen. Während des Erkaltens sollte man mehrmals durchrühren, damit sich Grieben, Äpfel und Zwiebeln im gesamten Schmalz verteilen.

Zwei Männer beim Schweineschlachten.
Rembrandt, Federzeichnung ▶

Flomen

Aus den Flomen, dem Nierenfett des Schweines, werden kleine Würfel geschnitten und bei nicht zu starker Hitze in einem Topf mit dickem Boden so lange ausgebraten, bis gelbbraune Grieben entstanden sind. Das flüssige Fett abgießen, die Grieben abtropfen lassen und dann noch zusätzlich auf mehreren Lagen Küchenkrepp entfetten. In Schraubgläser füllen und kühl aufbewahren. Sie können auch in Folie verpackt eingefroren werden.

Verwendungsmöglichkeiten für Grieben:

- als Bestandteil von Füllungen für Gans oder Puter
- in Bratkartoffeln zur Geschmacksanreicherung
- zum Bestreuen von Kartoffel- oder Krautsalat
- als Zugabe zum Fleischteig für Buletten
- als Zugabe für den Fleischteig von Hackbraten
- in Kartoffel- oder Erbsensuppen
- oder man streut die Grieben auf Schmalzbrote und salzt dann.

Pfälzer Saumagen

Dies ist die wahrscheinlich beste aller Schlachtfest-Spezialitäten. Sie ist so gut, daß sie überall in der Pfalz heutzutage auch außerhalb der Schlachtzeit als Landesspezialität in einschlägigen Gaststätten angeboten wird.

Für etwa 8 Portionen:
1 gereinigter Schweinemagen, den man sich rechtzeitig bei seinem Metzger bestellen muß,
je 350 g mageres Schweine- und Rindfleisch,
250 g durchwachsenes, frisches Bauchfleisch,
2 Zwiebeln,
1 großes oder zwei kleinere Brötchen,
3 Eier,
Salz und schwarzer Pfeffer aus der Mühle,
1 EL gerebelter Majoran,
1 kräftige Prise Pimentpulver,
geriebene Muskatnuß,
75 g geräucherter, durchwachsener Bauchspeck in dünnen Blättchen,
400 g kalte, geschälte Pellkartoffeln in Würfeln,
1 Tasse kräftige Wurstbrühe (Fleischbrühe),
1 Bund Suppengrün,
2 EL Schweineschmalz sowie
1 weitere Tasse Wurst- oder Fleischbrühe.

Schweinemagen nochmals gut waschen und in gesalzenes Wasser legen.
Alles Fleisch in Würfel schneiden. Knapp die Hälfte davon mit den grobgeschnittenen Zwiebeln und den eingeweichten und wieder ausgedrückten Brötchen durch die feine Scheibe der Fleischmaschine drehen. Eier mit der Masse verrühren; sehr kräftig abschmecken mit Majoran, Salz, Pfeffer, Piment und Muskatnuß. Restliche Fleischwürfel, Speckblättchen und Kartoffelwürfel in den Fleischteig kneten. Diesen in den Saumagen durch die größte Öffnung einfüllen, nachdem man die anderen mit ungeleimtem Faden (Wurstkordel, beim Metzger besorgen) gut zugebunden hat. Saumagen nicht zu fest stopfen, sonst platzt er später. Letzte Öffnung ebenfalls zubinden. Den gefüllten Saumagen nun zusammen mit Suppengrün in kaltem, leicht gesalzenem Wasser aufsetzen und bei nicht zu starker Hitze gut 2 Stunden garen.
Herausnehmen, abtropfen lassen und abtrocknen. Schmalz in der Pfanne erhitzen und darin den Saumagen von beiden Seiten anbraten. Auch hierbei die Hitze nicht zu stark wählen, um ein Platzen des Magens zu verhindern. Bratsatz, nachdem der Magen herausgenommen wurde, mit etwas Brühe loskochen. Den Saumagen in dicken Scheiben servieren, dabei etwas von der Sauce darüberträufeln. Dazu gehört unbedingt Wein-Sauerkraut. Kartoffeln kommen keine mehr dazu, dafür reicht man Scheiben kräftigen Bauernbrotes. Man kann die Saumagenscheiben auch erkalten lassen und dann in Schmalz braten.

Schlachtplatte mit Kartoffel- und Erbspüree, Rezept Seite 93 ▶

Leberklöße

Eine beliebte Beigabe zur Schlachtplatte. Vielerorts auch als Suppeneinlage – dann oft kleiner geformt – sehr geschätzt.

250 g Schweineleber,
150 g geräucherter durchwachsener Bauchspeck (Dörrfleisch),*
100 g frische Semmelbrösel oder Mutschelmehl (oder 2 abgeriebene, eingeweichte und ausgedrückte Brötchen),
100 g grob geschnittene Zwiebel,
50 g feiner Weizengrieß,
je 1 EL gehackte Petersilie und Kerbel,
1 Knoblauchzehe,
3 Eier,
Majoran nach Geschmack,
Salz und frisch gemahlener Pfeffer.

Durch den Fleischwolf mit feiner Scheibe werden zusammen gedreht: Leber, Bauchspeck (in Stückchen geschnitten), Zwiebel, geschälter Knoblauch und die vorher eingeweichten (in Milch oder Wasser) Brösel.
In einer Rührschüssel diesen Leberteig mit dem Grieß, den geschlagenen Eiern und allen Gewürzen vermischen. Mit einem Spatel oder Holzlöffel gut durcharbeiten.
Einen Topf mit reichlich Salzwasser (ca. 4 l) erhitzen. Mit zwei im heißen Wasser immer wieder angefeuchteten Eßlöffeln Klöße formen und in das knapp siedende Wasser gleiten lassen. Nach etwa 10 Minuten sind die Leberklöße gar und an die Wasseroberfläche gestiegen.
Zur Suppeneinlage – auch für Metzelsuppe – kann man die Klößchen mit zwei Teelöffeln kleiner formen, sie sind dann in etwa 5 Minuten gar. Man kann sie auch in der Suppe garen.
Wer Leberklöße beim Schlachtfest zubereitet, der gebe etwas ausgeschabte Schweinemilz an den Leberteig, was den Geschmack positiv beeinflußt.
Es ist unbedingt anzuraten, daß man einen kleinen Probekloß gart, um Würzung und Festigkeit zu prüfen.

*Besser allerdings schmeckt dieser durchwachsene Schweinebauch noch, wenn er heißgeräuchert ist; leider bekommt man ihn nicht überall.

Schlachtplatte

Die bekannte Schlachtplatte hat immer eine Unterlage aus Sauerkraut. Dieses schmeckt nur dann echt nach Schlachtplatte, wenn man das frische Bauchfleisch und auch etwas von dem Wellfleisch darin gegart hat.
In Gasthäusern werden zur Schlachtplatte häufig Pökelfleisch, geräucherter Bauchspeck und gerauchte Bauernwürste serviert. Das sind jedoch keine Beilagen für die häusliche – echte – Schlachtplatte, da bei deren Zubereitung ja noch gar keine gepökelten oder geräucherten Zutaten zur Verfügung stehen.
Zur echten Hausmacher-Schlachtplatte gehören als schweinerne Zutaten:

Kesselfleisch (Wellfleisch), bestehend aus frischen Schälrippchen, Haxen, Kopffleisch und frischem Schweinebauch (durchwachsen) und allem anfallenden Kleinfleisch, das auch aus Abschnitten bestehen kann,
frische Leberwürste,
frische Blutwürste,
gebratenes Schweinemett,
Leberklöße (Leberknödel),
dazu Senf, frisch geriebener Meerrettich und grobes Salz.

Die klassische Begleitung des Sauerkrautes der Schlachtplatte ist *Kartoffelpüree.*
Eine zweite Art Püree verdient es, neben dem Kartoffelbrei in weiteren Teilen Deutschlands eingeführt zu werden, das *Erbspüree,* auch Erbsbrei genannt.

Erbspüree

zur Schlachtplatte und zum Sauerkraut

400 g grüne Erbsen (Hülsenfrüchte, Spalterbsen, Splittererbsen),
einige Petersilienstiele,
1 EL gerebeltes Basilikum,
1 kleine Zwiebel, grob zerschnitten,
1–2 EL Butter,
1 kräftige Prise Salz sowie
weißer Pfeffer aus der Mühle,
1 Prise Zucker.

Halbierte Erbsen brauchen nicht über Nacht vorgeweicht zu werden, man wäscht sie in kaltem Wasser und setzt sie dann mit genügend Wasser aufs Feuer. Petersilienstiele und Basilikum, ebenso die Zwiebel zugeben. Rasch zum Kochen bringen und dann bei etwas verringerter Hitze eine gute Stunde garen, bis die Erbsenhälften ganz weich sind, Petersilienstiele herausfischen. Alles andere durch ein feines Sieb gießen. Kochbrühe aufheben. Erbsen mit Zwiebelstücken passieren. Butter unterrühren und eventuell noch ganz wenig von der Kochbrühe zugeben. Abschmecken mit Salz, Pfeffer und Zucker.

... und danach

Ich lasse mich nicht davon abbringen, daß zu einem richtigen, deftigen Schlachtessen unbedingt ein süßer Nachtisch gehört. Dieser sollte ein Minimum an Arbeit machen, nicht schwer sein und vorbereitet werden können. Für mich gibt es nach reichhaltiger Erfahrung nur zwei Möglichkeiten: Nicht zu fetter Kuchen oder Obst, ideal sind Käsekuchen vom Blech und Rote Grütze! Und besonders zu empfehlen: Ananas mit Kirschwasser.

Rezepte von A bis Z

Rezepte von A bis Z

Rezepte von A bis Z

Empfehlenswerte Kochbücher

Von Horst Scharfenberg sind im gleichen Verlag erschienen:

Köstliche Kräuterküche
Die Fähigkeit, mit Kräutern phantasievoll umzugehen, gehört von alters her zur hohen Schule der Kochkunst – Klosterherren und Klosterfrauen beherrschten sie vollendet und wußten auch mit Hilfe von Kräutern manch irdisches Leiden zu heilen. Vieles geriet im Laufe der Zeit in Vergessenheit und erlebt erst in diesen Tagen eine köstliche Renaissance.
Horst Scharfenberg – passionierter Kräuterkoch und profilierter Kochbuchautor – bringt in seinem Buch eine komplette Übersicht über alle wesentlichen Küchenkräuter: Wie man sie pflanzt und pflegt, zubereitet und konserviert, wie man ihre natürlichen Heilkräfte nützt, und vor allem, in welchen Speisen sie am besten schmecken. Von diesseits und jenseits der Alpen, aus Klosterküchen und von Bauernhöfen, aus alten Kräuter- und Kochbüchern stammen die Rezepte und Gesundheitsratschläge, die hier für die moderne, leichte Küche zusammengestellt und sachkundig bearbeitet wurden.
Das Buch ist in zwei Hauptkapitel unterteilt: Das erste bietet klare und für jeden verständliche Hinweise für die Erzeugung im eigenen Garten, auf dem Balkon oder Fensterbrett, über Würz- und Heilkräfte und über die Herstellung natürlicher Mittel zur Körper- und Schönheitspflege, ehe dann alle Kräuter von A bis Z detailliert behandelt werden. Im zweiten Teil liest man sich genußvoll durch köstliche klassische und zum Teil wenig bekannte Rezepte, die durch stichwortartige Hinweise auf weitere Kräutergenüsse noch erheblich erweitert werden.
Wer gerne abwechslungsreich kocht, für den ist dieses Buch ein unschätzbarer Fundus an Ideen und Tips, die man sich mit Genuß und Kräutlein für Kräutlein zunutze machen kann. Es gibt keine idealere Verbindung von Wohlgeschmack und gesundheitlichem Wert als in der Kräuterküche!
167 Seiten mit 12 Farbtafeln und rund 70 Textillustrationen nach alten Motiven, Glanzeinband.

Fondues
Rund 100 Rezepte für gesellige Fondues: mit Käse und Fleisch, Wild und Geflügel, Gemüse und Fisch in den verschiedenen Zubereitungsarten. Nützliche Tips für Zutaten und Geräte, von einem Feinschmecker für Feinschmecker geschrieben und serviert.
94 Seiten mit 10 Farbtafeln.

Stuttgarter Kochkolleg
Das schwäbische Vesper
vorgestellt von Josef Thaller
Die ideale Ergänzung zum „Schlachtfest": Hausgemachtes aus alten Bauern-, Handwerks- und Pfarrhäusern. Rund 300 Rezepte von über 20 schwäbischen Köchen.
160 Seiten, 8 Farbtafeln, viele Textillustrationen. Glanzeinband.

Das neue große Kiehnle Kochbuch
Die große Originalausgabe jetzt völlig neu! Rund 2.400 klassische, modernisierte und ergänzte Rezepte für Fleisch, Wild, Geflügel,

Empfehlenswerte Kochbücher

Gemüse und Salate (auch neue Sorten!), Suppen, Soßen, Eintöpfe, Kuchen, Torten, Kleingebäck, Brote, Süßspeisen, Marmelade. Neue Kapitel über Vorratshaltung, Tiefgefrieren, gesunde Ernährung. Von Horst Scharfenberg: Pflege des Weinkellers, Tips für Gastgeber.
Großformat, 608 Seiten, ca. 70 Farbtafeln, küchengerechter Kunststoffeinband.

Stuttgarter Kochkolleg
Die neue schwäbische Küche
vorgestellt von Josef Thaller.
Mit Radierungen von Simon Dittrich.
Beispielhafte Regionalküche im Sinn der „neuen" Kochkunst: leichter, bekömmlicher, phantasievoller, frischer. 24 der besten Köche zwischen Ober- und Unterland, Neckar und Bodensee demonstrieren auf eindrucksvolle Art, zu welchen Köstlichkeiten gute Tradition und schwäbischer Erfindergeist sich verbinden können. Rund 300 Rezepte als „Quintessenz" vieler Tafelrunden für alle, die gerne und abwechslungsreich kochen.
160 Seiten mit 16 Farbtafeln.

D. G. C. Querini
Pizza & Pasta
Ein Bildkochbuch, das Urlaubserinnerungen weckt. Über 70 Rezepte für Pizza, Spaghetti, Lasagne, Ravioli, Gnocchi und all' die anderen Köstlichkeiten der italienischen Pasta-Küche. Rund 60 Farbbilder. 144 Seiten.

D. G. C. Querini
Tuttifrutti Fantasie – Alles aus Früchten
Obstsalate, Sorbets und Eis, Marmeladen und Gelees, Kompott, eingelegte Früchte und Relishes, pikante und süße Hauptgerichte – alles was das Herz begehrt. Dazu alles Wissenswerte über einheimische und exotische Früchte mit Schautafeln der wichtigsten Beeren- und Obstsorten, Tips für das Einmachen, Dörren, Entsaften und Mixen. Viele Farbtafeln. 143 Seiten.

U. Grüninger/D. G. C. Querini
Rund um den Reis
Reis international: Paella, Risotto, Spezialitäten aus dem Orient und vom Balkan. Köstlichkeiten der neuen und alten Welt. Grundrezepte für alle Reisarten. Nahezu jedes Rezept mit großem Farbbild. 143 Seiten.

Herbert Birle
Die Sprache der Küche
Verbesserte Neuauflage
Ein kulinarisches Lexikon für Gastrosophen und Gourmets mit rund 5500 Stichwörtern. Die wichtigsten Fachausdrücke und Gerichte der nationalen und internationalen Küche. Unentbehrlicher Führer durch Speisekarten und Feinkostgeschäfte. Ca. 500 Seiten.

Alle Bücher sind im Buchhandel erhältlich.
Weitere Informationen erhalten Sie von

HÄDECKE VERLAG
D-7252 Weil der Stadt